메리에게 루이스가

1. 이 책에서 언급된 책 중 우리말로 번역된 것은 도서명과 출판사 정보를 넣었다. 다만 이미 여러 번역본이 나온 고전과 '홍성사'에서 출간된 C. S. 루이스의 저서의 경우에는 출판사 정보를 생략했다. 국내에 번역되지 않은 책은 원서명을 넣고 이탤릭으로 표시한 뒤 뜻을 병기했다.

2. 옮긴이 주는 ⓣ로, 편집자 주는 ⓔ로 표시했다. 별도 표시가 없는 것은 원서 편집자인 클라이드 킬비의 주이다.

3. 편지 읽는 느낌을 최대한 살리려고 가급적 하나의 편지를 한 면에 배치하고, 편지마다 서두의 다양한 영국식 주소 표기와 날짜 표기 형식, 말미의 마무리 부분과 루이스의 영문 사인을 원서 그대로 실었다.

메리에게
　　　　루이스가

C. S. 루이스 지음
클라이드 S. 킬비 엮음
이종태 옮김

알맹4U

© 1967 by Wm. B. Eerdmans Publishing Co.
Originally published in English as Letters to an American Lady
by Wm. B. Eerdmans Publishing Co., Grand Rapids, MI, USA.

This Korean translation edition © 2021 by rMAENGe, Seoul, Republic of Korea
The Korean text used in this edition is translated by Jongtae Lee, Ph.D.
This Korean edition is published by arrangement of Eerdmans through rMaeng2, Seoul, Republic of Korea.
All rights reserved.

이 한국어판의 저작권은 알맹2를 통하여 Eerdmans와 독점 계약한 알맹e에 있습니다. 저작권법에 의하여 한국 내에서 보호받는 저작물이므로 무단 전재와 무단 복제를 금합니다.

이 책은 이전에 홍성사에서 출간된 적이 있습니다. 새 한국어판은 기존 역자의 번역 원고를 다시 편집, 출간한 것으로 2021년 비아토르에서 출간한 것과 동일한 내용입니다.

표지 그림: Peter Vilhelm Ilsted (1861-1933), Solskin i stuen, med læsende kvinde (햇빛 드는 방에서 (편지) 읽는 여자), 연대 미상, 메조틴트. 공유 저작물.

서문

이 편지 모음집에 나오는 첫 번째 편지를 썼을 당시 C. S. 루이스는 51세였고, 옥스퍼드 모들린 칼리지에서 대학강사와 개별 지도교수로서 오랜 입지를 다져온 터였다. 그는 그간 스무 권의 책을 출간했는데, 그중 네 권은 학술서로서 그에게 중세학자이자 문학비평가로서 큰 명성을 안겨 주었다. 나머지 열여섯 권의 대부분은 기독교 저술로, 그가 스물아홉 살에 한 회심의 산물이라 할 수 있고, 크게 주해적 작품과 창작적 작품으로 나뉜다.《고통의 문제》나《기적》같은 책은 전자에 속하고,《스크루테이프의 편지》나, 우주 3부작―《침묵의 행성 밖에서》,《페렐란드라》,《그 가공할 힘》―은 후자에 속한다. 기독교적 주제가 선명하게 담긴 일곱 권의 동화책 시리즈의 첫 권인《사자와 마녀와 옷장》(시공주니어)도 이 해에 출간되었다.

'더 킬른스The Kilns'라고 이름 붙인 집에 루이스와 그의 형 워렌―둘 다 총각이었다―이 정착한 것은 20여 년 전이었다. 옥스퍼드에서 동쪽으로 6킬로미터 정도 떨어진 곳에 위치한 더 킬른스는 덩굴풀과 검은딸기 수풀로 무성한 소나무 숲 언덕에 인접해 있다. 언덕 아래에는 수영할 수 있는 작은 호수가 있었는데, 전에 시인 셸리Shelley가 작은 종이배를 띄우며 놀던 곳이기도 하다. 루이스 형제는 그 집에서 무어 부인Mr. Moore과 함께 살았는데, 그녀는 제1차 세계대전 때 프랑스 전방에서 복무하다 사망한 루이스 친구의 홀어머니였다. 무어 부인은 말년에 더 킬른스에 많은 불행을 야기했지만, 루이스는 한결같이 그녀를 친어머니처럼 모시며 사랑으로 대했다.

옥스퍼드의 유니버시티 칼리지를 탁월한 성적으로 졸업한 루이스는 모들린 대학 교원으로 선임되어 오랜 기간 봉직했다. 그는 종종 개별지도를 지루해하기도 했다. 특히 자신이 던진 고도의 지적 미끼를 학생이 제대로 물지 못할 때 그러했다. 하지만 그의 강의는 내용 면에서나 전달 면에서 어찌나 인기가 높았던지, 수강생들을 다 수용하느라 서서 강의를 들어야 했던 때도 많았다. 그 강의를 들었던 한 학생은, 루이스는 자신이 아는 그 누구보다도 "해박한 지식을 자유자재로 다루는" 사람이었다고 했고, 또 어떤 학생은 자기가 아는 "가장 정밀하고 예리한" 지성의 소유자로 평하기도 했다.

이 책에 묶인 편지들에는 1950년 이후 루이스의 삶에 일어난 일들이 비교적 잘 담겨 있다. 여행하는 걸 즐기지 않았던 그의 생활은 대체적으로 그가 선호했던 일들로 채워졌다. 즉 연구, 강의, 가능한 한 거르지 않았던 매일의 산책, 이따금씩 친구들과 가졌던 장거리 도보여행, 대화 (특히 매주 목요일 저녁, 잉클링스Inklings라는 이름으로 모인 일단의 지식인들과의 지적 대화), 그리고 독서와 저술 등으로 말이다. 루이스의 생애 후반부에 있었던 중요한 사건 세 가지를 꼽자면, 1957년 조이 데이빗먼과의 결혼, 3년이 조금 지나서의 그녀의 죽음, 그리고 케임브리지 대학 중세와 르네상스 영문학 주임교수로 선임된 일을 들 수 있다. 루이스는 1963년 11월 22일 사망했는데, 그날은 그의 예순다섯 번째 생일을 일주일 앞 둔 날이자 존 F. 케네디 미국 대통령이 암살당한 날이기도 했다.

이 책에 실린 편지들은 루이스의 성격에 대한 세간의 속설을 확증해 준다. 그는 저널리즘, 광고, 속물근성, 심리분석에 대해, 틀리고 빤한 생각들에 대해, 또 기계, 소란, '관리 행정administration' 에 대해, 그리고 개인이나 국가의 자유를 고갈시키는 수많은 사소하고 교묘한 행태들에 지독한 반감을 갖고 있었다. 게다가 편지 쓰는 일도 지독히 싫어했다는 사실도 빠뜨리지 말아야 한다. 자서전에, 행복한 삶의 필수요건으로 "우편물이 거의 오지 않고 우편배달원의 노크 소리가 두렵지 않은 것"을 들었을 정도였으니 말이다. 그러나 여기, 생전에 만나게 되리라 기대하지 않았던, 먼 타국의 한 사람에게 쓴, 족히 책 한 권이 되는 분량의 편지가 있다. 이는 루이스의 편지 중 가장 오랜 기간에 걸쳐 주고받은 것이지만, 백 통이 넘는 서신왕래는 이외에도 또 있었다.

여기, 쏟아져 들어오는 편지들을 휴지통에 넣어버릴 이유가 충분했던 한 사람이 있다. 과중한 대학 업무에 시달렸던 사람, 성공적인 학술서적과 종교서적을 써낸 저자로서 저술활동을 계속해 달라는 독자들의 기대가 높았던 사람, 놀랍도록 논리와 상상력을 두루 갖춘 작가로서 그런 책을 끝도 없이 써낼 수도 있었던 사람, 또 천성적으로 낯선 이들을 꺼렸으며, 내면적 사상 세계와 오랜 벗과의 친밀한 교제를 사랑했던 사람 말이다. 그런데 그런 그가, 심지어 관절염으로 펜대를 잡기조차 고통스러울 때에도, 세계 도처에서 몰려오는 그 방대한 양의 편지에 손수 빠짐없이 답장하려고 분투했던 것이다. 왜 그랬을까?

  주된 이유는 이것이다. 동료 기독교인들에게 조언하고 격려하기 위해 시간을 내는 일은 주님께 겸손히 자신의 재능을 드리는 일이며, 책을 쓰는 일 못지않게 성령이 하시는 일이라고 믿었기 때문이다. 존 웨슬리는 그의 설교를 듣기 위해 수많은 군중이 몰려들던 시절, 어느 날 저녁 한 여인숙에서 가난한 죄인 한 사람을 앞에 두고 설교했다고 일기에 적었다. 루이스에게도 바로 그와 같은 헌신이 있었던 것이다. 시간과 재능은 자기 자신을 위해서가 아니라, 하나님의 뜻 가운데 가장 낮은 자리에서 사용하라고 선물로 받은 것이라는 믿음이 있었던 것이다. 그의 육신이 지독히 싫어했던 일이었지만, 그는 육신을 죽음에 넘겼다. 그는 이 편지들이 훗날 출판되어 그의 다른 기독교 저서들과 나란히 놓이게 될 것이라고는 추호도 생각지 못했다. 이 편지들을 보면 모두, 즉각 본론으로 직행하며 단도직입적으로 사안을 다루고 마친다. 다시 말해 '문학적인' 편지가 아니다. 묘사나 회상이나 세련된 문체나 위트나 감상 등이 거의 없고, 심지어 사색적인 내용도 매우 적다. 루이스의 평생에 걸친 관심사였던 판타지나 기쁨이나 갈망에 대한 이야기도 거의 없다시피 하다. 그의 학문적이고 학술적인 관심사들도 아주 짧게 언급될 뿐이다.

  이 편지들의 취지는 명백히 영적인 격려와 안내에 있으며, 주된 가치도 바로 여기에 있다. 루이스는 자신의 영혼이 하나님께 늘 온전히 응답하기를 바라고, 자신의 행동이 단순한 규칙 준수로 변질되지 않기를 바라는 마음을 표현한다. 또한 교부들처럼 모든 기독교인은 자신의 실제 삶에서 거룩을 실천해야 한다는 믿음을 견지하며, 지금 세계 인구의 10퍼센트만이라도 거룩하다면 나머지 모든 인류가 단시간 내에 회심하게 될 것이라는 확신도 보인다. 그의 편지 수신인이 재정적 도움 받는 걸 주저하자, 사실 사람은 누구나 자선에 의지해 살아가고 있으며, 하나님께서 "필요한 비용을 부담해 주실 것"이라고 말한다. 하나님의 선하심에 관해서는 쓰기를, 세상의 아름다움의 절반은 사실 그림자가 담당하고 있다고 지적하며, 우리 삶 속에 들어오는 그림자들도 완전한 선이신 분께서 허용하신 것이라고 알아보기만 한다면 그와 다르지 않다고 말한다. 그의 다른 책에서처럼, 루이스는 기독교 신앙에서 순전하고 지속적인 실천의 문제와 우리가 느끼는 감정의 문제를 서로 예리하게 구분한다. 다시 말해, 중요한 것은 우리가 믿는 바를 **행하는** 것이며, 우리의 감정 문제는 부차적인 것이라는 말이다. 또 하나님의 은총은 우리가 미래에 있을 것으로 상상하거나 과거에 있었던 어려움이 아니라 바로 오늘, 지금 이 순간에 닥친 어려움에 충분히 주어진다는 사실을 강조한다. 여기서도 우리는 몸의 부활과 천국의 더 없는 행복에 대한 루이스의 확고한 믿음을 만나게 된다. "장차 우리가 다시 만나는 날, 정말 신날 것입니다"라고 그녀에게 말한다. 과연, 이는 기독교인이 쓴 편지들이다.

하지만 이 편지들에는 [단순히 신앙인 루이스만이 아니라] 인간 루이스의 면모를 엿보게 하는 대목들 또한 적지 않다. 고양이와 개, 봄을 알리는 뻐꾸기 울음소리와 크로커스를 사랑한 루이스, 아침상을 직접 차리고 자신이 사랑한 "눈 비비고 일어나 맞는 한적하고 고요한, 이슬 머금은" 이른 아침 시간에 여러 허드렛일을 하는 루이스, 조만간 한 여자의 남편이 되었다가 곧 홀아비가 될 것이라고 알리는 루이스, 기적 같은 일이 일어나 조이의 암이 사라져버린 것 같다고 말하는 루이스, 그녀의 죽음에 극심한 충격에 사로잡힌 루이스 등을 말이다. 루이스도 그의 수신자도 여러 질병에 시달렸기에, 다른 어떤 곳에서보다 여기서 그를 죽음에 이르게 했던, 그 늘어만 갔던 많은 병들에 대해 자세히 알게 된다. 또 우리는 루이스가 가난을 두려워했던 것도 알게 된다. 하지만 그가 세상을 떠난 후 알려진 일이지만, 루이스는 생전에 자기 수입의 3분의 2를 기부했으며, 그럼에도 늘 자신의 자선이 충분치 않다고 여겼다.

루이스에게서 이 편지들을 받은 수신자의 신원은 그녀의 요청에 따라 비밀에 붙여졌다. 루이스보다 네 살 연상이며 과부였던 그녀는, 한 친구의 묘사에 따르면 "대단히 매력적이고, 품위 있고, 남부지방 귀족 같은 분위기를 풍기는", 또 "말하기 좋아하고 언변이 뛰어난" 숙녀였다. 전에는 충분한 재산이 있었으나, 어쩌다 궁

핍한 처지에 빠진 그녀는 설상가상으로 심각한 가정 문제에도 직면했다. 루이스는 기회를 봐서 미국 출판사들을 통해 그녀에게 매달 소정의 생활비가 가도록 조치했고, 이는 현재까지도¹ 계속되고 있다. 이 서신왕래가 시작되었을 즈음 그녀는 성공회 교인에서 로마 가톨릭 교인이 되었다. 그녀는 죽음의 문턱까지 간 일이 두 번 있었고, 교회의 임종 예식도 받았다. 편집자로서 종종 각주가 필요하다고 여긴 내용도 있었지만, 그녀에 관한 일들은 (가정 문제는 예외적으로 제외되었지만) 루이스의 편지 자체에 충분히 설명되어 있다고 보았다. 그녀는 서평, 시, 소설 등을 쓰는 작가이다.

이 책의 편집 목표는 가능한 한 루이스의 글을 원본 그대로 유지하는 것이었다. 그는 very를 v로, which를 wh로 쓰는 등 특이한 축약어를 사용했는데, 그런 것들은 풀어 썼다. 하지만 그의 흥미롭고 다양한 날짜표기법은 그대로 살렸다. 가령 "1950년 10월 26일"을 "26/10/50"이라고 표기하는 영국식 방식도 그대로 두었다. 편지들 중에는 그의 아내 조이 루이스, 그의 형 W. H. 루이스, 또 그의 개인 비서였던 월터 후퍼가 쓴 편지도 몇몇 포함되어 있는데, 그 편지들이 포함된 이유 역시 따로 설명할 필요는 없어 보인다.

휘튼 칼리지의 교원으로서, 이 편지들을 우리 도서관에 기증해주시고 출판할 수 있는 특권을 베풀어 주신, 이 편지의 수신자 부인께 진심으로 감사의 말씀을 드린다. 또한 이 일에 기꺼이 협력해주신 루이스 재단 관계자들께도 감사한다. 늘 그렇듯, 옥스퍼드 와덤 칼리지의 교목인 월터 후퍼 신부는 가능한 모든 도움을 베풀고자 애써 주었고, 원고를 검토하고 개선할 점들을 제안해 주었다. 이 편지들을 옮겨 쓰는 일을 포함하여 여러 일에 룻 코딩

---

¹ 이 책의 원서가 출간된 1967년까지를 말한다. 메리가 1975년 작고하기까지 이 지원은 계속되었다.

부인과 아내 마르다가 큰 도움을 주었다. 휘튼 칼리지의 사서인 로버트 콜터 씨도 여러 모양으로 협력해 주었다. W. H. 루이스의 우정과 격려에 크나큰 감사를 느낀다는 말씀을 드린다.

휘튼 칼리지
클라이드 킬비

Magdalen College
Oxford
27/xi/53

Dear Mrs. _____ Thank you for your letter of Nov. 25ᵗʰ. We have a good many things in common at the moment, for I also am dead tired (cab-horse tired) and I also have sinusitis. I don't think we exactly "call it catarrh" over here. Intense catarrh is one symptom of sinusitis, and as none of us had heard of it till quite lately I suppose cases of it used to be wrongly diagnosed as mere catarrh. I find myself that when I have undue much catarrh it produces heart pain & vice versa. About sleep: do you find that the great secret (if one can do it) is not to care whether you sleep? Sleep is a jade who scorns her suitors but woos her scorners. I feel exactly as you do about the horrid commercial racket they have made out of Christmas. I send no cards and give no presents except to children.

It is fine to see you agreeing with what you

believe to be my views on prayer: well you may, for they are not mine but Scriptural. "Our prayers are God talking to Himself" is only Romans, VIII, 26-27. And "praying to the end" is of course our old acquaintance, the parable of the Unjust Judge.

I am sure you will be glad to hear that your recent adventures have been a great support and "corroboration" to me. I am also v. conscious (as was especially so while praying for you during your wakeless time) that anxiety is not only a pain wh. we must ask God to assuage but also a weakness we must ask Him to pardon — for He's told us take no care for the morrow. The news that you had been almost miraculously guarded from that sin ad pharied that found and done me good hope that we shall all find the like mercy when our bad times come, has strengthened me much. God bless you,

yours

C. S. Lewis

모들린 칼리지

옥스퍼드

26/10/50

친애하는 셸번 부인께,

따뜻한 격려의 편지 감사합니다. 부인께서 제 책들에 대해 하시는 그런 말씀들을 듣고도 우쭐해지지 않으려면 저는 천사처럼 겸손한 사람이거나 악마처럼 교만한 사람이어야 할 것입니다. (부인께서 읽으시면 좋을 만한 제 책들은 이미 다 갖고 계신 것 같습니다.) 부인께서 지금 겪고 계신 그 고통스러운 일들에 대해 깊은 동정을 느낍니다. 하나님께서 부인을 붙들어 주시기를 기도합니다. 지독한 역경 중에서도 부인이 쓴 마음, 독한 마음을 품지 않은 것을 보면 분명 그분께서 지금까지 그렇게 해 주셨습니다. 부인을 위해 기도하겠습니다. 그럼 안녕히 계십시오.

Yours sincerely

C. S. Lewis

모들린 칼리지,
옥스퍼드

Nov. 10th 1952

친애하는 셸번 부인께,

설명하기 조금 어렵긴 하지만, 부인께서 저와 다른 길을 택하셨음에도[1] 그 선택을 아낌없이 축하하고픈 마음입니다. 그 선택으로 부인의 신앙과 기쁨이 자라고 커졌다는 점이 제게 너무도 분명해 보이기 때문일 겁니다. 물론 그렇다고 제가 부인과 같은 결론에 도달한 것은 결코 아닙니다. 하지만 그렇다고 이제 편지로 논쟁을 주고받기 시작할 필요는 없습니다! 저는 우리가 서로 대단히 가깝다고 믿습니다. 제가 제 교단 안에서 로마가톨릭 교회와 더 가까운 편이라서 그런 것이 아닙니다. 저는 여러 갈래로 나뉜 현 기독교계에서 오히려 각 분파의 가장 안쪽에 있는 이들이 가장자리에 있는 이들보다 서로 훨씬 더 가깝다고 믿습니다. 기독교 경계를 넘어서도 사정이 그렇다고 생각합니다. **진짜** 유대교도나 이슬람교도는 서구화된 자유주의적 유대교도나 이슬람교도보다 우리와 훨씬 공통점이 많습니다. 우리는 서로를 위해 기도해야 합니다. '재결합'을 위한 많은 시도들이 있지만 좋은 결과만을 맺을 수 있는 건 오직 이것뿐이지 않나 생각합니다. 은총을 빕니다.

Yours most sincerely

C. S. Lewis

---

[1] A는 성공회를 떠나 로마 가톨릭 교인이 되었다.

모들린 칼리지,
옥스퍼드

Jan. 19th 1953

친애하는 셸번 부인께,

12월 29일자 보내 주신 편지가 오늘 도착했습니다. 따뜻한 편지, 감사드립니다. 유감스럽게도 저 역시 《스크루테이프의 편지》나 《천국과 지옥의 이혼》의 초판본을 어디서 구할 수 있는지 모르겠습니다. 《스크루테이프의 편지》 초판본은 저도 받아 본 적이 없답니다. 하지만 초판본을 정가보다 1센트라도 더 내시고 구입하는 것은 좋은 생각이 아닙니다. 두 초판본 모두 전쟁 상황이 최악일 때 나온 책이고, 질 나쁜 종이에 활자도 너무 작아서 보기가 불편하답니다. 부인께서 갖고 계신 미국판이 훨씬 낫습니다. 부인의 편지는 제게 힘이 되었고, 저와 뜻이 맞는 말씀들도 많았습니다. 예, 서로 기도로 돕도록 합시다. 은총을 빕니다.

Yours most sincerely
C. S. Lewis

모들린 칼리지
옥스퍼드, 영국

4/iii/53

친애하는 셸번 부인께,

오늘 도착한 2월 26일자 편지 감사드립니다…. 엘딜라Eldila는² 복수형이 맞습니다만, 영어식으로 엘딜스eldils라고 해도 무방합니다! 그 강연자가 제 천사관에 대해 좋게 말했다니 기쁩니다. 정말이지 저는 19세기의 **여성적** 천사관에 단호히 반대하는 입장입니다. 제가 알기로, 성서에서는 천사가 나타났을 때 사람들이 공포심을 느끼지 않았던 적은 **한 번도** 없었습니다. 그들은 늘 "두려워 말라"는 말로 시작해야 했습니다. 그런데 **부활하신** 주님은 유령으로 오해받으셨을 때, 다시 말해 부활하신 존재로 받아들여지지 않았을 때에만 사람들에게서 공포심을 일으켰습니다. 왜냐하면 어떤 의미—지극히 복된 의미—에서 우리 인간은 천사들보다 그분과 **더 가깝기** 때문입니다. 이는 물론 그분은 자신을 낮추셔서 우리와 인성을 공유하셨기에 그런 것이지만, 또 다른 이유로는 모든 창조물은 자기보다 윗 단계의 **창조물들**보다 오히려 자신의 창조자와 더 가깝기 때문이라고 저는 생각합니다. 제가 묘사한 엘딜라는 게루빔Cherubim이나 세라핌Seraphim 같은 최상위 천사들과 전혀 비교가 되지 못합니다. 게루빔과 세라핌 같은 천사들은 전적으로 관상contemplation에만 몰두하는 천사들입니다. 그들은 그들 아래 창조물들을 다스리는 일을 맡지 않습니다. 수태고지Annunciation 같은 일도—말하자면!—'일개 천사장'이 담당했습니다. 그 강연자는 제가 에스겔에게 빚진 바 크다는 점을 언급하던가요? 물론 부인께서 제게 '초판본'을 달라고 부탁한 것은 아니라는 걸

---

2 엘딜라는 루이스의 '우주 3부작'인 《침묵의 행성 밖에서》, 《페렐란드라》, 《그 가공할 힘》에 나오는 존재들이다.

잘 압니다. 하지만 저는 왜 초판본을 부인께 드릴 수 없는지를 설명 드리고 싶었습니다. 둘은 별개의 문제지요!

저도 낫는 듯하다가 더는 차도가 없는 독감을 계속 앓고 있긴 합니다만, 부인께서 앓고 계신 것 같은 그런 심한 독감은 전혀 아닙니다. 그것과, 또 겪고 계신 여러 다른 일에도 깊은 동정의 마음을 전합니다. 서로를 위해 계속 기도하십시다.

Yours most sincerely
C. S. Lewis

모들린 칼리지

옥스퍼드, 영국

31/3/53

친애하는 셸번 부인께,

제대로 편지 쓸 시간이 없는 날입니다만, 보내 주신 27일자 편지에 감사드리며 복된 부활절 맞으시라는 말씀을 드리고자 이렇게 황급히 몇 자 적어 보냅니다....

지품천사智品天使인 **게루빔**cherubs을 통통한 아기 모습으로 그린 그 보기 싫은 "천동"天童 그림들에 대해 잘 언급해 주셨습니다. 제가 히브리어 **게룹**Kherub; 그룹은 **그리펀과**[3] 어근이 같다는 말씀을 드렸던가요? 이는 그들의 실제 모습이 어떤지를 잘 말해 줍니다.

Yours

C. S. Lewis

---

[3] Gryphon; 독수리의 머리와 날개에 사자 몸을 한 괴수(怪獸). ①

모들린 칼리지

옥스퍼드, 영국

17/4/53

친애하는 셸번 부인께,

찰스와 메리가 했다는 그 말에 부인만큼 그렇게 놀라지는 않았습니다. 배울 만큼 배운 성인 기독교인들도 복되신 삼위일체Trinity를 생각할 때 주의하고 또 주의하지 않으면 쉽게 삼신론Tritheism 이단에 빠져들 수밖에 없는데, 어린아이들의 경우야 오죽하겠습니까? 그리고 성령에 대해 찰스가 "그건 뭔지 잘 모르겠어요"라고 했다는 것도 성령에 대한 지식의 **첫 출발점**으로서는 나쁘지 않다고 생각합니다.

제가 쓴 동화에 대해 말씀드리자면, 뉴욕 소재 맥밀란 출판사에서 세 권이 나왔습니다[《사자와 마녀와 옷장》, 《캐스피언 왕자》, 그리고 《새벽 출정호의 항해》(이상 시공주니어)]. 동네 서점에서는 구하기 힘들 수도 있습니다. 만일 부인의 친구분께서 이 책들을 사 보기 원한다면 뉴욕에 있는 그 출판사에 직접 편지를 쓰시는 것이 좋을 겁니다.

제 사진이 분명 집 안 어딘가에 **있긴 있을** 텐데, 집 안 물건들의 위치를 아는 제 형님이 지금 멀리 출타 중이라 오늘은 사진을 찾기 어려울 것 같습니다. 다음에 편하실 때 다시 요청해 주시기 바랍니다! 그때도 그 볼품없는 것을 소장하고픈 마음이 계속 남아 있다면 말입니다.

저라면 친구들과 적들과 제 자신에 대해 하나님의 정의보다는 그분의 자비를 구하고 싶습니다.

그럼 안녕히 계십시오.

Yours sincerely

C. S. Lewis

모들린 칼리지,

옥스퍼드

9th May 1953

친애하는 셸번 부인께,

오늘은 무척 바쁜 날이라 짧게 쓸 수밖에 없네요. 유감스럽지만, 영국에서는 분명 기독교가 소수집단이 된 것 같습니다. 그러나 우리가 잊지 말아야 할 것이 있습니다. 대략 30년 전부터 시작된 이 변화의 주된 내용은 **이름만** 기독교인인 사람들을 찾아보기 어렵게 되었다는 것입니다. 지금은 정말로 믿는 사람만이 자신을 기독교인이라 공적으로 고백합니다. 전에는 반신반의하거나, 심지어 거의 불신자라 할 수 있는 사람들이 그저 사회적 관습을 좇아 교회에 다니던 경우가 많았는데, 지금은 그런 일이 없어졌습니다. 진짜 기독교인의 수가 과연 줄었나 하는 것은 쉽게 말하기 어려운 문제입니다. 어렸을 때부터 가정에서 기독교인으로 양육되는 경우는 적어졌습니다만, 성인이 된 후 회심하여 기독교인이 되는 일은 자주 일어나고 있으니 말입니다....

지금 제게 있는 유일한 사진을 동봉합니다. 여권용으로 찍었던 것 같습니다.

Yours most sincerely

C. S. Lewis

모들린 칼리지,
옥스퍼드

May 30th, 1953

친애하는 셸번 부인께,

26일자 편지에 대해 감사드립니다....

네, 배교가 만연하고 있는 요즘 세태는 일반 신도들의 잘못이 아니라 성직자들의 잘못 때문이라는 말, 귀가 따갑도록 듣습니다. 제가 지역 교회 목사였다면 마땅히 성직자의 잘못을 늘 곰곰이 생각해야겠지만, 일반 신도인 저는 그보다는 일반 신도들이 잘못한 부분을 가만 따져 보는 것이 더 바람직한 자세라고 생각합니다. 저는 모든 일에 있어 늘 '우리' 즉, 일반 대중은 아무 책임이 없다는 식으로 생각하는 현대인들의 사고방식에 신물이 납니다. 늘 통치자나 조상이나 부모나 교육시스템이나 다른 누군가를 탓할 뿐, '우리' 자신을 탓하는 법은 없습니다. '우리'는 언제나 특별 대우입니다. 우리는 늘 완벽하고 죄가 없다는 식입니다. 부인께서는 그런 식으로 생각하지 않으시리라 믿습니다. 또한 저는 영국 성공회의 교직에 세속적인 사람들이 매력을 느낄 것이라 생각하지 않습니다. 우리 지역 교회 목사들은 임시직 노동자들보다 가난하고, 심지어 생필품의 부족을 겪기도 합니다.

마틴의 '감사표시'가 어떤 것일지 기대되네요. 예, '갈팡질팡 dither'이라는 말이 정말 있습니다. 우리는 실제로 갈팡질팡할 때가 많지요. 그런데 우리 사무행정도 갈팡질팡할 때가 많습니다. 이는 너무나 흔한 현상이어서, 저는 현대의 사무행정 구조 자체에 이런 갈팡질팡을 만들어 내는 무언가가 들어 있는 것은 아닌가 생각해 보기도 합니다. 그렇지 않다면야 왜 지금 우리 "대학 사무실"은, 백 년 전에는 대학 총장이 비서나 타자기 없이도 남는 시간에 충분히 해내던 일을 위해 그렇게 많은 전임 직원들을 고용

해야 하는 걸까요? (기계가 만들어 내는 소음과 열과 냄새가 많아지면 많아질수록, 그만큼 힘의 낭비도 더 많아지는 것이겠지요!) 저는 부인이 말씀하신 그 우박폭풍을 한번 보고 싶네요. 이곳의 기후는 매우 대조적이거든요. 혹 부인께선 비녯의[4] *Western Star*(서쪽 별)를 읽어 보셨나요? 대단히 좋은 책이라고 생각합니다.

Yours sincerely,

C. S. Lewis

---

[4] Stephen Vincent Benet; 1898-1943. 미국 시인, 소설가. 1929년 퓰리처상 수상. ⓘ

모들린 칼리지.
옥스퍼드.

June 16th 1953

친애하는 부인께,

친절한 마음으로 작은 아이템 두 개[5]를 보내 주셨더군요. 하지만 제가 그러한 사실을 알게 되는 것이 좋았는지는 완전 별개의 문제입니다! 제가 하나님의 섭리를 보다 쉽게 믿을 수 있게 해 주는 것 하나는, 기차나 호텔이나 식당이나 기타 공공장소에서 낯선 사람이 제 책을 읽고 있는 모습을 지금까지 **단 한 번** 보았을 뿐이라는 것입니다. 제 친구들은 꽤 자주 접하는 모습이라고 하지만 말입니다. 정말이지 우리 인생에 일어나는 일들은 대단히 공교히 기획되어 있는 것 같습니다. 요즘 부인 건강은 어떠한지요? 은총을 빕니다.

Yours
C. S. Lewis

---

[5] these two little items가 무엇인지는 정확히 알 수 없으나, 문맥상 그리고 이후 서신의 내용이 비춰 볼 때 C. S. 루이스와 관련한 기사나 그의 책 서평을 스크랩해 보낸 것으로 보인다. ①

모들린 칼리지

옥스퍼드

June 22d 53

친애하는 셸번 부인께,

보내주신 18일자 편지, 감사드립니다. 넘어지셨다니(말부터가 참 고약하지 않습니까!)[6] 정말 안됐습니다. 낙상은 참 싫은 일이지요. 낙상 뒤 느끼는 고통도 고통이지만, 그보다 더 나쁜 건 자기가 지금 넘어지고 있다는 걸 뻔히 알면서 아무 손도 쓰지 못하는 그 찰나의 순간인 것 같습니다. 이렇게 넘어져 보면 넘어져 다치는 일이 다반사였던 어린아이 시절이 떠오르기 마련인데, 제 생각에 아마 어렸을 때가 실은 지금보다 더 아팠을 것 같습니다. 다시 어린 시절로 돌아갔으면 좋겠다고 말하는 사람들이 흔히 망각하는 것 중 하나지요. 부인과 저처럼 지금도 동화책 읽기를 즐기는 사람은 어린아이 시절로 되돌아가고 싶어 할 이유가 상대적으로 적습니다. 우리는 지금도 그 시절의 여러 즐거움들을 누리고 있는 데다가 성인으로서의 즐거움들도 더불어 누리고 있기 때문이지요. 물론 어린 시절의 **감각들**만큼은 분명 잃어버렸습니다. 그때에 비하면 지금은 계란이나 딸기가 어찌나 맛이 없는지! 네, 저는 제 미각만큼은 분명 옛 어린아이 시절을 그리워할 이유가 있다고 생각합니다.... 그건 그렇고, 그 평론가들은 '여성 스타일의 글쓰기'라는 말을 비하하는 의미로 사용한 건가요? 그렇다면 사포의[7] 시들이나, 또 **마니피카트** 같은[8] 시들도 마찬가지 이유로 평가절하되겠네요?

네, 맞습니다. 저는 그 대관식에[9] 가지 않았습니다. 저는 그런 일

---

[6] 'fall'은 '타락'이라는 뜻도 가지므로. ⓣ
[7] Sappho; 주전 600년경 활동한 고대 그리스 여성 시인. ⓣ
[8] Magnificat; 눅 1:46-55에 나오는 성모 마리아의 노래. ⓣ
[9] 1953년 6월 2일에 있었던 엘리자베스 여왕 즉위식을 가리킨다. ⓔ

에 전적으로 찬동하고, 보고 온 사람들이 들려주는 말들에 깊은 감동을 받지만, 사람들이 많이 모이는 곳에 가는 것이나 정장을 차려 입는 것을 좋아하는 사람이 아니랍니다. 게다가 날씨도 끔찍했고요.

부인께서 제가 무슨 문제를 다루다가 "우리 같은 보통 사람WE, THE PEOPLE" 이야기를 꺼냈는지 잊으셨듯이, 저 역시 그때 제가 한 이야기를 지금은 잊었답니다! 서신으로 나누는 대화가 만나서 하는 대화와 다른 게 바로 이런 것이지요. 그래도 서신으로 대화를 나눌 때는 어느 쪽도 상대방의 말을 중간에 끊을 수 없다는 장점도 있지요! 아, 저도 자주 '갈팡질팡' 상태에 빠지곤 합니다. 보통 같은 시간에 서로 다른 장소에서 만날 약속을 이중으로 했을 경우입니다.

Yours

C. S. Lewis

모들린 칼리지

옥스퍼드

July 10, 1953

친애하는 셸번 부인께,

6월 30일자 편지 감사드립니다. 흥미로운 시였습니다. 특히 **운율** 면에서 그랬습니다. 운율 면에서 주목할 만한 곳은 제3행입니다. 다섯 강음beats을 유지하는 그 행—Remember the only, the one goal of life—은 읽는 이로 하여금 두 긴 단음절들—"one goal"—에 온전한 음가를 주며 읽게 만듭니다. 그에 비해 강음이 네 개 밖에 되지 않는 제2행은 제가 보기에 별로입니다. 말미의 "God speed"는 좀 시시하지 않나요? 만약 그 말을 하나님이 하신 것으로 보자면—문맥상 그렇게 읽게 되는데—심지어 조금 코믹해 보이기까지 합니다. 흥분하신 하나님이 "오, 하나님!" 하고 소리치는 옛날 기적극 장면처럼 말입니다.

여기 영국 사람들에게는 그 대관식이 전혀 동화 같은 일이 아니었다는 말씀을 드립니다. 참관자 대부분에게 가장 인상적이었던 것은 그 대관식의 성례적sacramental 차원에 깊이 압도된 듯한 여왕의 모습이었습니다. 그런 모습을 지켜보는 참관자들은 (딱히 묘사할 말이 마땅치 않는데) 경외심과 동정심과 파토스와 신비감이 뒤섞인 묘한 느낌을 갖게 됩니다. 그 작고 나이 어린 여성의 머리에 그렇게 크고 무거운 왕관이 눌러 씌워지는 장면은 모든 **인간**이 처한 상황에 대한 일종의 상징이 됩니다. 지상에서 하나님의 대리인이자 대제사장이 되라고 하나님께 부름 받은, 그러나 그 일에 스스로 턱없이 부족하다고 느끼는 인류의 모습 말입니다. 마치 그분이 이렇게 말씀하시는 것 같습니다. "그 무엇도 막을 수 없는 내 사랑으로 흙먼지에 불과한 네게 네가 감히 이해할 수 없는 영광과 모험과 책무를 부여하노라." 제 말이 이해되시나요?

실은 우리 모두에게 왕관이 씌어졌다는 것, 대관식의 영광은 이를테면 비극적 영광이라는 것.... 이런 느낌을 놓치면 아무것도 이해하지 못하는 것입니다.

그건 그렇고, 천둥 치는 폭풍우 속에서는 자동차 안이 **가장 안전한** 곳이 아닌가요? 비전도체인 고무 타이어에 의해 지면에서 떨어져 있느니 말입니다. 혹 제 무식이 탄로났나요?

Yours

C. S. Lewis

모들린 etc[10]

Aug 1st [1953]

친애하는 셸번 부인께,

16일자 편지 감사드립니다. 여기도 궂은 날씨지만, 부인 계신 곳과는 정반대로 그렇습니다. 지금 여기는 제가 겪어 본 가장 춥고 습한 여름 중 하나랍니다. 그래도 저는 부인께서 사는 곳의 더위보다는 이곳의 추위가 훨씬 낫습니다. 부인께서 들려주신 그 훌륭한 사제 이야기를 듣고 정말 기뻤습니다. 거룩을 따분한 것으로 여기는 이들은 얼마나 무지한지요. 정말 거룩을 만나 본 사람은 (저도 부인처럼 단 한 번 그런 경험이 있었던 것 같습니다) 그 저항할 수 없는 매력을 알고 있지요. 만약 지금 세계 인구의 단 10퍼센트만이라도 거룩하다면, 아마 1년이 채 안 되어 온 세상이 회심하고 행복을 누리게 될 것입니다. 네, 저도 나이 드는 것에도 좋은 점이 많다고 여기는 사람입니다. 또 이성에게 매력적으로 보이기를 기대하고 바라는 시기를 지나는 것이 그 시기 못지않게 좋다는 말에도 전적으로 동의합니다. 다른 종처럼 우리 인간도 짝짓기 시즌에 젊은 새들이 잔뜩 깃털을 뽐내고 다니는 건 매우 자연스런 일입니다. 그러나 현시대는 모든 새들을 가능한 한 빨리 그런 시기로 몰아넣고, 가능한 한 오래 거기에 머물게 만들려고 한다는 게 문제입니다. 인생에서 가장 지혜로운 시기도, 가장 행복한 시기도, 가장 순수한 시기도 아닌데 어리석고 가련하게도 어떻게든 그 시기를 연장하려다가 인생의 **다른** 시기들이 가진 참된 가치들을 그만 다 놓치고 마는 것이지요. 제가 보기에, 여기에는 상업적 동기가 작용하고 있습니다. 왜냐하면 수컷이든 암컷

---

[10] 아주 많은 편지를 써야 했던 루이스는 종종 주소를 생략하면서 etc로 표기했다. ⓒ

이든 가장 구매 저항력이 떨어지는 시기가 바로 그렇게 깃털을 뽐내는 시기거든요. 부인의 지금 거주지와 워싱턴 사이에서 선택하는 문제는 당연히 제게 아무 의견이 없습니다. 이는 옴스크와 테헤란¹¹ 중에서 하나를 선택하는 것과 마찬가지니까요! 하지만 부인이 옳은 선택을 하도록 기도할 겁니다. 넘어져 다치신 일, 안타깝게 생각합니다. 정말 성가신 일이지요. 이만 줄여야겠습니다. 도서관 책들의 제목을 확인하는 일로 오전 내내 카탈로그 선반 앞에 서 있었더니, 지금은 완전히 기진맥진 상태입니다. 한 아일랜드인이 했다는 말처럼, 저는 "1킬로미터 가는 동안 서 있기보다는 차라리 10킬로미터를 **걷겠다**"는 쪽입니다. 11일에는 아일랜드를 방문할 예정입니다. 그러니 혹 9월 말까지 아무 연락이 없더라도 놀라지 마십시오. 은총을 빕니다.

Yours

C. S. Lewis

---

¹¹ Omsk는 러시아 시베리아 남서부의 도시이며, Teheran은 이란의 수도이다. ⓘ

모들린

Aug 10th 53

친애하는 셸번 부인께,

6일자 보내 주신 편지를 방금 받아 보았습니다. 깊은 동정의 마음을 느낍니다. 일자리를 구하는 일은 젊었을 때도 진력나는 일인데, 지금 또다시 그런 일을 해야 한다는 것은 정말이지 '지옥'이라고 말하고 싶지만, 부인처럼 기도와 겸손을 행하는 분은 거기에 있을 수 없으니 대신 '연옥'이라고 말해야 하겠습니다. (권위자들에 따르면, 연옥보다 더 나은 무엇이라고 해야겠지요. 왜냐하면 우리가 불가피하게 겪는 고난도 그리스도를 위하는 마음으로 받아들이기만 한다면 **자원해서 겪는** 고난 못지않게 하나님께 인정받을 수 있다고들 하니까요. 가령 어쩌다가 그만 식사를 놓친 것도 올바른 자세로 받아들이기만 한다면, 금식으로 바뀔 수 있다는 것입니다.) 저는 이렇게 생각해 봅니다. (고통 중에 있지 **않은** 사람으로서 고통 중에 있는 당사자에게 이런 이야기를 하자니 조심스럽습니다만.) 우리가 자신을 '독립적'이라고 생각하던 환상에서 벗어나게 되는 건 좋은 일이지 않습니까? 왜냐하면 독립, 즉 누구에게도 신세지지 않는 상태란 사실 영원히 불가능한 것이기 때문입니다. 따지고 보면, 이른바 '독립적 수입원'이 있는 사람보다 더 철저히 다른 사람들의 도움에 기대고 있는 사람이 누가 있겠습니까? 그가 입는 셔츠는 다른 사람이 다른 유기물들을 재료로 만든 것이고, 그와 우리의 차이점이 있다면 그 셔츠에 지불하는 돈도 실은 다른 사람들이 번 것이라는 점뿐입니다. 지금 부인이 딸과 사위에게서 도움을 받는 것은 **당연한** 일입니다. 부모 봉양은 아주 오래 전부터 내려오는, 또 보편적으로 인정되는 의무입니다. 만일 가족 아닌 다른 사람의 도움을 받게 되는 상황이 오더라도 부인께서는 너무 마음 쓰지 마시기 바랍니다. 하지만 이렇게 말하면서도 제 마음은 참 아픕니다. 왜냐하면 제 자신부터가 실은 돈 문제에 전전긍긍하는 사람이고, (이는 정말 부끄러운 고백입니다. 우리 주님의 말씀을 정면으로 어기는 것이니까요) 큰 거미와 절벽 꼭대기를 제외하고 제가 가장 겁내는 것이 있다면 바로 가난이기 때문입니다. 우리가 들의 백합화처럼 살기를 원하셨다면, 하나님은 우리 신체조직도 백합화처럼 만드셨어야 하지 않나 하는 말을 내뱉고픈 유혹을 종종 느낀답니다. 그러나 물론 그분이 옳습니다. 그리고 우리는 정말로 백합화처럼 **사는** 사람을 만나게 되면, 그분이 옳다는 것을 **눈으로 확인하게** 되지요. 하나님께서 부인을 지켜 주실 것이고 부인에게 용기를 불어넣어 주실 것입니다. 저는 아일랜드에 가 이곳저곳 다닐 계획입니다. 그러니 몇 주 동안은 제게서 소식을 듣지 못하실 겁니다. 은총을 빌며, 깊은 동정의 마음을 전합니다.

Yours
C. S. Lewis

모들린 칼리지
옥스퍼드

Nov 6/53

친애하는 셸번 부인께,

아, 기쁘네요. **정말** 기쁘네요. 게다가 기록해 둘 만한 일이기도 합니다. 물론 저는 평소 하던 대로 매일 부인을 위해 기도해 왔답니다. 그런데 요 며칠 전부터는 왠지 더 마음이 쓰이더니, 특히 한 이틀 전부터는 밤에 기도할 때, 하나님의 뜻 가운데 조만간 부인으로부터 좋은 소식이 담긴 편지를 받는다면 얼마나 좋을까 하는 마음이 아주 강하게 들었답니다. 그런데 마치 마술처럼 (정말이지 이 세상 최고의 선한 마술이겠지요.) 오늘 그 편지가 당도한 것입니다. 물론 부인의 그 좋은 일은 제 기도 **전에** 일어났다는 사실을 제가 (바보가 아닌 한) 모르지 않습니다. 하지만 제 보잘것없는 믿음을 아껴 주시는 하나님께서 응답을 주시기 바로 직전에 특별한 간절함으로 기도하도록 감동을 주셨다고 생각합니다. 우리의 기도는 사실 그분의 기도라는 말, 얼마나 옳은 말인가요. 우리가 기도할 때 실은 우리를 통해 그분이 자신에게 말하는 것입니다. 그 불안의 시기에 하나님께서 부인을 어떻게 붙들어 주셨는지에 대한 이야기도 참 감동적이었습니다. 하나님이 정말 우리가 들의 백합화처럼 아무것도 염려하지 않고 살기를 바라셨다면 우리의 신체 조직도 왜 백합화와 비슷하게 만들지 않으셨냐고 따지고 싶을 때가 **있습니다**. 그러나 그분께서는 필요할 때, 자신이 내리신 그 지시를 **친히** 우리 안에서 실행하십니다. 우리 스스로는 도저히 실행할 수 없는 그 지시를 그분 자신이 실행하시는 것이지요. 사실 모든 일은 다 그분이 하십니다. 모든 기도를 하시는 분, 모든 덕을 행하시는 분은 다름 아닌 그분이십니다. 이는 새로운 교리가 아니며, 다만 이번에 제게 새롭게 각인된 것일 뿐입니다. 사안의 중요성에 비해 이렇게 짧게 쓴 것을 이해바랍니다. 요즘 어찌나 바쁜지 (하기 싫은 일로 바쁜 것은 아닙니다만) 지금 제가 물구나무를 서고 있는지 제대로 서 있는지도 모를 지경이랍니다. 은총을 빕니다.

Yours
C. S. Lewis

모들린 칼리지

옥스퍼드

27/xi/53

친애하는 셸번 부인께,

23일자 편지 감사드립니다. 현재 우리는 상당히 많은 것을 공유하고 있네요. 저 역시 지금 무척 피곤한 (가히 기진맥진) 데다가, 또 정맥두염sinusitis을 앓고 있거든요. 영국에서는 이 병을 더 정확히 '카타르catarrh'라고 부른다 하셨는데, 그렇진 않은 것 같습니다. 심한 카타르는 사실 정맥두염의 **한** 증상이며, 부인이나 저나 이 정맥두염이라는 말을 아주 최근에서야 듣게 된 것으로 보아, 아마도 지금까지는 정맥두염이 단순 카타르로 오진되는 경우가 많았던 것 같습니다. 제가 보기에는 정맥두염은 카타르가 많이 나타날 때 고통이 덜하고, 반대로 카타르가 적을수록 고통이 더 심한 것 같습니다. 불면 문제에 대해 말씀드리자면, 좋은 비결은 (이 역시 그냥 되는 것은 아니지만) 자신이 지금 잠들려 하는지 안 하는지에 대해 전혀 **신경 쓰지** 않는 것이라는 걸 알고 계시나요? 잠은 자신에게 구애하는 이는 깔보고, 자신을 깔보는 이에게는 구애하는 고약한 여자랍니다. 크리스마스 시즌에 사람들이 벌이는 그 끔찍한 상업적 야단법석에 대해 저 역시 부인과 느끼는 바가 같습니다. 저는 아이들 외에는 누구에게도 카드도 쓰지 않고 선물도 하지 않는답니다.

부인께서 기도에 대한 **저의** 견해에 동의하신다는 대목에서 웃음이 나왔습니다. 그건 제 생각이 아니라 성경의 생각이거든요. "우리의 기도는 하나님이 그분 자신에게 말씀하시는 것이다"라는 말은 로마서 8장 26-27절에 나온답니다. 또 "끝까지 기도하는 것"도 우리가 잘 아는 불의한 재판관 비유에서 가져온 말이구요. 부인께서 최근 겪으신 그 일련의 일들이 제게 큰 힘과 '보강 증거'가 되었다는 말씀을 들으시면 기뻐하실 줄로 압니다. 또 불안과 염려는 우리가 하나님께 진정시켜 주실 것을 간청해야 하는 고통일 뿐 아니라 그분께 용서를 구해야 할 약함이기도 하다는 사실을 깊이 자각하게 되었습니다. (특히 무직 상태이신 부인을 위해 기도할 때 그랬습니다.) 하나님께서는 우리에게 내일 일을 염려하지 말라고 명하셨기 때문이지요. 부인께서 가히 기적적으로 그 죄로부터 보호를 받으시고 고통을 면하셨다는 소식과, 장차 고난이 올 때 우리 모두가 그런 자비를 입게 되리라는 희망이 제게 큰 힘이 되었답니다. 은총을 빕니다.

Yours
C. S. Lewis

모들린 칼리지

옥스퍼드

Jan. 1st 1954

친애하는 셸번 부인께,

28일자 편지 감사드립니다. 아주 짤막한 답장을 쓸 수밖에 없을 것 같습니다. 크리스마스 우편물에 그야말로 '녹다운' 되었거든요. 이 시즌은 주로 일에 파묻히는 시간입니다. 산더미 같이 쌓인 편지들에 답장을 쓰고, 쓰고, 또 쓰다 보면 녹초가 된 나머지 어떨 때는 (우편으로 전달되는) **사랑**good will이 적을수록 이 **땅에 평화** peace on earth가 더 깃들 텐데 하는 고약한 소리를 내뱉기도 한답니다. 부비동副鼻洞: sinus에 이상이 생겼다니, 정말 안타깝네요. (제 주위에 같은 문제를 겪었던 사람들은 다들 하나같이, 무슨 일이 있더라도 수술은 절대 받지 **마라**고 합니다. 어떤 의사는 그런 수술을 하는 외과의사가 있다면 고발하고 싶다고도 합니다. 부인께서도 참고하셔야 할 겁니다!) 저는 하나님께서 질병이나 버스 파업이나 고장 난 자명종 때문에 우리가 예배에 가지 못하도록 하셨을 때는, 분명 우리가 그때 그 예배에 가지 않기를 바라실 만한 무슨 이유가 있었을 것으로 확신합니다. 5,000명이 굶주린 배를 안고 집으로 돌아가는 길에 '기진'할까 봐 보살펴 주셨던 그분이라면, 우리에게 예배보다 **잠**이 더욱 필요할 때를 아시고 그렇게 돌봐 주실 것입니다. 저는 부인이 들려주신 그 '음성' 이야기를 미신적이라고 생각하지 않습니다. 임종의 순간에 어떤 환상을 보거나 '소리'를 듣는 것은 잘 입증되어 온 것이며, 흔한 유령 이야기와는 전혀 다른 범주에 속합니다. 사람들이 부인의 시를 좋아했다니 기쁩니다. 그 시는 그럴 만한 시입니다. 또 부인께서 제 시를[12] 맘에 들어 하셨다는 것

---

[12] 루이스 시집 *Poems*에 수록된 "The Nativity(성탄)"를 보라.

도 기쁜데, 웬일인지 (이는 흔치 않은 일인데) 지금은 그 시의 단어 하나도 기억이 나질 않네요. **하는 수 없이** 그만 줄여야겠습니다. "온갖 어려움 속에서도 결국 행복한 결말이 맺어지기를"[13], 또 1954년에는 더 좋은 날들이 많기를 바라고 기도합니다.

Yours
C. S. Lewis

---

[13] *The Book of Common Prayer*(성공회 기도서)에 나오는 말. ⓘ

모들린 칼리지

옥스퍼드

24/1/54

친애하는 셸번 부인께,

○○씨네 가족의 사랑스런 편지들과 사진들에 대해 감사드립니다. 예상하셨겠지만, 받고서 정말 즐거웠답니다. 그 가족 모두에게 한꺼번에 편지 한 장을 써서 보냈습니다. 그 시를 언급하진 않았는데, 부인에게 그 시집이 없을 것이라 생각했기 때문입니다. 정말 즐겁고 행복해 보이는 가족이었습니다. 그런데 설마 그들에게 제 '우주3부작' 전체를 읽으라고 하실 생각은 아니시겠지요? 제가 보기에 《그 가공할 힘》은 아이들이 읽기에 부적합할 뿐만 아니라 이해하기도 어렵고, 《페렐란드라》도 의심스럽습니다. 감기가 어서 낫기를 바랍니다. 어떻습니까? 감기에 걸리지 않을 특별한 비법 같은 건 없는 것 같지요? 마음 한 켠에서는 그런 대설, **진짜** 눈이 내리는 곳에 사시는 부인이 부럽기도 합니다. 지금은 아주 밤늦은 시간인데, 글쓰기가 아주 어렵네요. 이만 줄여야겠습니다. 은총을 빕니다.

Yours

C. S. Lewis

모들린 칼리지,
옥스퍼드

26/1/54

친애하는 셸번 부인께,

23일자 편지와 제 시들 사본, 감사드립니다. 까마득히 잊고 있던 시들인데, 걱정했던 것만큼 그렇게 형편없는 시들은 아니네요. 아직 감기가 낫지 않으셨다니 유감입니다. 요즘 의사들은 감기를 **바이러스**virus라고 부르고 목이 따끔거리는 것을 **연쇄구균**streptococcus이라고 불러서 우리 같은 사람들을 주눅 들게 만드는데, 안 될 말이지요! (몽테뉴[14] 글을 읽어 보셨나요? 그가 말하길, "촌사람들은 자기들 멋대로 명칭을 붙여 만사를 수월하게 만든다. 그들에게 폐병은 그저 '기침 병'일 뿐이고 암은 그저 위통일 뿐이다.") 따뜻한 이불을 둘러쓰고 누워서 하루 종일 나오지 않는 것이 좋습니다. 일어나 글을 쓴다거나 방 안을 왔다 갔다 하지도 마세요.

우리는 앨프레드Alfred와 에그버트Egbert 같은 이들을 '브리티시British' 혈통이라고 하지 않습니다. 그들은 '잉글리시' 혈통, 즉 남부 덴마크 엥겔Angel 지역에서 유래한 앵글족Angles이지요. '브리티시' 혈통이란 튜더스Tudors를 거쳐 캐드월러더Cadwallader까지, 또 거기서 아서Arthur, 유서Uther, 캐시빌런Cassibelan, 리어Lear, 루드Lud, 브루트Brut, 이니어스Aeneas, 주피터Jupiter까지 거슬러 올라가는 켈틱Celtic 혈통을 말합니다. 지금의 왕족은 브리티시 혈통과 잉글리시 혈통, 모두 이어받았다고 볼 수 있습니다. 그런데 저는, 이렇게 치자면 우리들 대부분도 실은 두 혈통의 후손으로 볼 수 있다고 생각합니다. 한번 따져 보십시오. 모든 사람에게는 부모가 두 분, 조부모는 네 분, 증조부모는 열여섯 분이 있지요. 그런데 이런 식으로 쭉 가

---

[14] Michel de Montaigne: 1533-1592. 프랑스 르네상스 시기의 작가, 수필가. ⓘ

보면, 지금 모든 영국인은 주후 600년경 이 섬에 살았던 거의 모든 이들의 후손이라고 볼 수 있습니다. 결국 따지고 보면, 이 지구 행성 위의 모든 사람은 다른 모든 이들과 친척인 셈이지요. 정말 거의 말 그대로, 이렇게 우리 모두는 '한 몸'입니다. 물론 저 같은 농부의 손자와 귀족 가문의 후손들 사이의 구분을 무시할 뜻은 없습니다. (저는 그런 구분을 좋다고 봅니다.) 다만 귀족 태생이라는 것은 고래로부터 내려오는 혈통에 따른 것이 아니라, (사실 우리는 다 같은 혈통이니까요) 여러 세대에 걸쳐 명성을 떨쳤기에 그 가계家系가 더 많이 **기록되어** 남겨졌다는 점을 지적하려는 것일 뿐입니다. 이 편지를 받으실 즈음에는 부인의 건강이 호전되어 있기를 진심으로 바랍니다.

Yours

C. S. Lewis

모들린 칼리지

옥스퍼드

Feb 22/54

친애하는 부인께,

다시금 불안과 염려가 부인을 괴롭히고 있다니 정말 안타깝습니다. (그런데 '속으로 눈물을 삼키지' 마세요. 그러면 목이 따가워질 수 있으니까요. 울고 싶으시면 우세요. 마음껏 소리 내어 엉엉 우세요! 제가 보기에 요즘 사람들은—특히 남자들은—잘 울지 않는 것 같습니다. 하지만 아이네아스와[15] 헥토르와[16] 베오울프,[17] 롤랑과[18] 랜슬롯[19] 같은 이들도 어린아이들처럼 엉엉 소리 내어 울었는데, 왜 우리라고 못하겠습니까?) 전에 하나님은 근심 중에 있는 부인을 놀랍도록 굳게 붙들어 주셨지요. 이번에도 그렇게 해 주시기를 간절히 기도하겠습니다.

제가 그 가족이 우주3부작[20] 읽는 것을 반대했던 것은, 그 책들이 그들에게 너무 어려울 것 같아서가 아니라—어렵다고 해서 해로울 건 없지요— 특히 마지막 책에 그들 나이에 적합하지 않은 형태의 악이 너무 많이 등장하기 때문입니다. 구체적인 성적 문제들도 현재로서는 그들이 접해서 유익할 게 전혀 없습니다. 제가 생각하기로,《침묵의 행성 밖에서》정도는 괜찮을 것 같고,《페렐란드라》는 그보다는 덜 그렇고, 마지막 책《그 가공할 힘》은 많이 부적절하다고 생각합니다.

저는 뿌리 깊은 귀족 혈통을 알아주는 것은 속물근성과는 전혀 관계없다고 생각합니다. 속물근성이란 그런 혈통의 사람들과 어떻게든 가까워지려 애쓰고, 비열하게 아첨 떨며, 그들과 알고 지

---

[15] Aeneas; 베르길리우스의 서사시《아이네이스》의 주인공. 트로이의 용사. ⓣ
[16] Hector; 호메로스의《일리아스》에 나오는 용사. ⓣ
[17] Beowulf; 8C초 영국 영웅 서사시의 주인공. ⓣ
[18] Roland; 샤를마뉴 대제 밑에서 활약했던 경. ⓣ
[19] Lancelot; 아서왕의 원탁의 기사로서 용맹으로 이름을 떨쳤다. ⓣ
[20]《침묵의 행성 밖에서》,《페렐란드라》,《그 가공할 힘》

낸다고 우쭐대며 뻐기는 것이지요. 이미 근사하다고 여겼던 사람인데 귀족 혈통이라는 이유로 더 매력적으로 느껴지는 것은 전혀 문제될 것이 없다고 생각합니다. 이미 다른 근거들로 근사하다고 여겼던 호텔이지만 그것에 '역사적 가치'도 있다는 것을 알게 될 때, 그 건물에 더 끌리게 되는 것은 너무도 자연스러운 것처럼 말입니다.

정말 허둥지둥 편지를 써 보냅니다. 저는 부인과 달리 근무 시간에는 편지를 쓸 수 없답니다! 그러나 부인도 램에[21] 비하면 아무 것도 아닙니다. 그는 책 두 권 분량의 편지를 남겼는데, 제가 보기에 다 사무실에서 썼던 것 같습니다. 참 좋았던 시절이지요.

그럼 다음 번 편지에는 더 좋은 소식이 오기를 희망합니다. 은총을 빕니다.

Yours

C. S. Lewis

---

[21] Charles Lamb: 1775-1834. 영국의 수필가. ⓘ

모들린 칼리지

옥스퍼드

March 10/54

친애하는 셸번 부인께,

상황이 나아지지 않았다니 안타깝네요. 부인이 만나셨다는 그 여비서같은 이들은 저를 참 어리둥절하게 만듭니다. 그냥 심보 사나운 이들이군요. 차라리 큰 죄악들은 이해하기가 쉽겠습니다. 우리 안에는 다 그런 죄악들의 원재료들이 있으니까요. 그런데 딱히 왜 그런지를 알 수 없이 그냥 심사가 뒤틀려 있는 건 참 불가사의입니다. (일전에 기차에서 아주 낯선 이에게 "리버풀에 도착하려면 얼마나 남았나요?"라고 물었더니 "내가 뭐 당신 질문에 답하라고 월급받는 사람이요? 승무원에게 물어보시죠?"라는 대답이 돌아왔습니다.) 저는 이런 것을 남자 아이들에게서 가장 자주 접했습니다. 그래서 생각하게 된 것인데, 이는 아마도 내적 불안정감에서 기인하는 것 같습니다. 즉 자신을 존재감 없는 사람으로 느끼는 어떤 모호한 의식, 뭔가 존재감 있는 사람이 되어 보겠다는 결연한 뜻, 그리고 거칠고 오만하게 굴면 그렇게 될 수 있다는 믿음, 그런 것에서 말입니다. 모르긴 몰라도, 아마 그녀는 되받아 **칠 수 있는** 사람들에게는 감히 표출하지 못해 쌓이고 쌓인 자신의 **분 가득한** 오만을, 되받아 칠 수 없는 **부인**에게 그때 그렇게 쏟아부었을 겁니다. (엘리자베스 여왕 시대의 한 연극을 보면, 어떤 악당이 자신이 감히 덤빌 수 없는 강자 앞에서 꼼짝 못하고 있다가 이런 말을 내뱉는 장면이 나오지요. "집에 가서 내 하인들을 다 두들겨 패줄 테야.") 그러나 제가 부인더러 계속 그녀 생각을 하라고 부추겨서는 안 될 말이지요. 왜냐하면 고약한 사람들이 우리에게 행할 수 있는 가장 큰 악이 바로 그것이거든요. 우리 생각을 사로잡아버리는 것, 끊임없이 우리 생각 속에 출몰해 괴롭히는 것 말입니다. 그들을 위해 짧게 기도드린 뒤, 할 수만 있다면 다른 것들로 생각을 돌려버리는 것이 상책입니다. 곧 다른 일자리가 나타나기를 바라겠습니다.

그 여성 분이 쓴 시는 기독교적인 내용 면에서 대단히 훌륭하지만, 시로서는 그리 좋은 시라고 생각하지 않습니다. 활력 없는 리듬에다가, 행의 구분에도 딱히 이유가 없고, 모음이 만들어 내는 멜로디도 없습니다. 사실 저는 구식 취향이랍니다. 자유시 형식 *vers libre*은 대단히 예외적인 시들의 경우에만 효과가 있고, 실은 자유시의 만연이 시 예술을 망쳤다고 생각하는 사람이거든요.

저 역시 크고 나서부터 유행성이하선염을[22] 앓았습니다. 차라리 열이 날 때는 괜찮았습니다. 그러나 회복기에 접어들어 입맛이 회복되면, 그저 음식 **생각만** 해도 입에 침이 고이기 시작하고 고통이 시작되었지요. 오! "내 지체들의 불순종"이란[23] 것을 그렇게 확실히 실감했던 적은 없었습니다. 진실로 이르노니, "햄과 계란 요리를 욕망의 눈으로 쳐다보기만 해도 그는 마음속으로는 (혹은 분비선에서는) 이미 그것으로 아침을 먹은 죄를 범한 것이니라."

부인으로부터 또 소식이 오기를 고대하고 있겠습니다. 일이 잘 풀리기를, 뿐만 아니라 그 전까지 걱정거리 중에서도 굳게 붙들림 받도록 기도하겠습니다.

Yours

C. S. Lewis

---

[22] 바이러스 감염으로 인해 침샘, 특히 이하선(귀밑샘)이 염증으로 부어오르고 열이 나는 병.
[23] 롬 7장 참조.

모들린 칼리지

옥스퍼드

March 31st 54

친애하는 메리에게

(저도 답례로, 제 친구들은 모두 저를 잭Jack이라고 부른다는 말씀을 드립니다.) 핍박이 여전하다니 유감입니다. 그런 일을 저도 학생 시절에, 또 군대에 있을 때 당해 보았고, 또 이곳에서도 소장 교수였을 때 겪어 보았는데, 우리 삶을 참 암울하게 만들지요. 그러나 저는 (쉬운 이야기는 아니지만) 우리는 더 겸손해질수록 자신이 받는 천대에 대해 덜 신경 쓰게 된다고 생각합니다. 천대받는 것은 결국 고통의 한 형태인데, 그리스도께서 당하신 그 극단의 천대와 더불어 우리는 우리가 당하는 작은 천대도 하나님께 제물로 올려드릴 수 있습니다. 부인께서 눈여겨보셨는지 모르겠지만, 신약성서는 그분의 고통에 대해 말하면서, 또 별도로 그분이 당하신 천대를 많이 언급하고 있습니다. 또 마니피카트Magnificat를 보면, 복되다 일컬어지는 이들은 다름 아니라 천대받고 온유한 사람들이지요. 그러니 부인의 지금 상황은, 영적으로 볼 때 반대 경우보다 훨씬 더 안전한 처지입니다. 물론 이는 말로 설교하기는 쉽지만 실천하기란 정말 어렵다는 것을 제가 모르지 않지만 말입니다. 예, 저는 마틴이 쓴 이야기를 아주 재미있게 읽었습니다. 그런데 저는 경찰의 무반응 부분을 그 이야기의 강점 중 하나로 보지는 않는답니다. 제가 보기에, 그건 마틴이 (당연히) 사건을 상상할 수는 있으나 그 사건들에 대한 반응까지 상상할 수 있는 단계는 아직 아니라는 것을 보여 주는 것입니다. 물론 성인 독자들에게 묘한 코믹적 효과를 일으키지만, 이는 어디까지나 우발적인 것입니다. 화는 (자기 자신을 향한 것일 때도) 결코 "하나님의 의를 이루지 못한다"고[24] 하신 말씀, 정말 옳습니다. 우리는 자신의 모습에 그저 만

족해서도 안 되지만, 지금 자신의 모습을 참아 줄 줄도 알아야 합니다. (지금은 고인이 되신) 제 고해신부께서는 우리에게는 세 가지 인내가 필요하다고 힘주어 말씀하시곤 했습니다. 하나님과의 관계에서, 이웃과의 관계에서, 또 자기 자신과의 관계에서 인내가 필요하다고 말입니다. 여성의 경우에는 유행성이하선염이 있다고 크게 걱정할 일인가요? 성인 남성이라면 그 병이 때론 심각한 문제가 되곤 하지만 말입니다. 예, 저는 요즘 도통 무슨 소린지 알아먹을 수 없는 주문 같은 시를 쓰는 Abracadabrist 시인들을 싫어한답니다. 그들의 정체를 폭로해 주는 것이 있는데, 그들의 열렬한 팬들도 같은 시에 대해 전혀 다른 해석들을 내놓는다는 사실입니다. 무슨 그림인지 도통 알아볼 없는 그림이라도, 그 그림에 찬탄하는 이들이 모두 그것을 말 그림이라고 한다면, 그렇다고 믿을 용의가 있습니다. 그런데 누구는 그 그림을 말이라고 하고, 누구는 배라고 하고, 누구는 오렌지라고 하고, 또 누구는 에베레스트 산이라고 한다면 저는 포기할 수밖에 없지요. 은총을 빕니다.

Yours

Jack

추신. 편지에 "obstuse한 것들에 대한 숭배"라고 쓰셨는데, 아마 'Abstruse심원한'나 'Obtuse우둔한'나 'Obscure모호한'라고 해야 할 것을 잘못 쓰신 것이겠지요? 던세이니 경은[25] 대단한 필력의 산문작가이랍니다. *The Charwoman's Shadow*(파출부 아줌마의 그림자)를 한번 읽어 보세요.

---

[24] 약 1:20.
[25] Lord Dunsany: Edward John Moreton Drax Plunkett, 1878-1957. 아일랜드의 (극)작가. 특히 판타지와 호러물로 유명함.

모들린 칼리지,
옥스퍼드.

17th April 1954.

친애하는 메리에게

그저 짤막하게 적어 보냅니다. 부활절에는 편지를 주시는 분들이 어찌나 많은지, 화창하게 보내야 할 이 시기가 도리어 제게는 음울한 때가 되려 한답니다. 다음부터는 편지하실 때 가능하면 '명절holiday' 기간은 피해 주시렵니까?

축복을 빌며, 새로 찾으신 일자리에서는 모든 일이 순조롭기를 바랍니다.

Yours,

Jack

모들린 칼리지

옥스퍼드

May 27th 1954

친애하는 메리에게

24일자 편지 감사드립니다. 더 쾌적한 지역으로 이사를 가셨다니 기쁘고, 그 지역과 새 직장에 큰 복이 있기를 바랍니다. 버스 타고 다니는 시간과 돈을 절약할 수 있다는 건 대단히 좋은 일이지요. 부인의 경험도 저와 비슷하다면, 정작 버스 타고 다니는 데가 아니라 정류장에서 기다리는 데에 시간이 더 많이 허비되지요. 게다가 날씨가 너무 춥거나 덥거나 할 때는 더 고생스럽고요. '펜트 하우스 아파트pent-house apartment'가 뭔지 저로서는 전혀 감이 오지 않네요! 저번에 너무 짧은 편지를 보내 부인을 실망시켜드린 점 미안합니다. 그런데 지금도 여전히 무척 바쁘네요. (8월 전까지는 도저히 시간적 여유가 생길 것 같지 않습니다.) 우편물도 여러 주째 평균치 이상으로 오고 있는데, 왜 그런지 이유를 잘 모르겠습니다. 여기는 예년보다 늦은 봄에 쌀쌀한 날씨인데, 가끔 화창한 날도 있습니다. 햇살이 장난치듯 빤짝 나타났다가는 이내 사라져버리곤 합니다. 부인을 위해 늘 기도하고 있습니다.

Yours ever

Jack

모들린 칼리지

옥스퍼드.

14th. June 1954.

친애하는 메리에게

네, 부활절 편지들에 답장 쓰는 일은 이제 마쳤습니다만, 지금은 대학 시험기간이랍니다. 여섯 주에 걸쳐 (일요일을 포함해) 하루에 평균 스무 장의 답안지를 채점했고, 지금부터는 하루에 8시간 동안 구두시험*viva voce*에 들어가야 합니다. 아무래도 저는 9월말 정도나 되어야 다시 사람 노릇 할 수 있을 것 같습니다. 그럼, 사랑을 담아, 평안을 빕니다.

Yours,

Jack

모들린 칼리지

옥스퍼드

Sept 19/54

친애하는 메리에게

휴가 여행에서 어제 막 돌아왔답니다. 돌아와, 평소처럼 수북이 쌓여 있는 편지를 마주하자니 휴가라는 것이 과연 의미가 있나 하는 생각도 드네요. (참, 저는 아일랜드 더니골Donegal 지역을 다녀왔는데, 정말 아름다운 곳이었습니다. 거기 산들은 모두 이야기 책에 나오는 산들 같답니다. 숲이 우거진 계곡들 하며, 황금빛 모래밭 하며, 또 토탄 냄새 나는 오두막집들….) 부인 사는 곳의 폭염 이야기를 듣고 보니, 저는 정말 행운아네요! 이곳도 유례없이 춥고 습했던 여름이었지만, 부인의 말을 듣고 난 뒤에는 불평이 완전히 사라져버렸답니다. 하지만 저는 스타 래빗과 무대 뒤에서 알고 지내는 사이가 되어 보고 싶네요! ○○○의 소식을 듣게 되어 참 기쁩니다. (여자아이들은 남자아이들과 정말 많이 다르네요. 제가 그 아이 나이였을 때는 가장 재미없는 선물이 바로 옷이었거든요.) 종교교육이 부족해 걱정이 되신다고 하셨는데, 물론 부인께서 안타까워하시는 건 당연합니다. 하지만 그간 얼마나 많은 종교교육이 실제로는 그 의도와 정반대되는 효과를 냈는지 생각해 보세요. 사실 완고한 무신론자 중에는 경건한 가정 출신이 정말 많았지요. 그 아이의 경우에는 반대의 효과가 나타나기를, 우리가 하나님의 자비를 힘입어 한번 희망해볼 수 있지 않을까요? 부모가 곧 하나님의 섭리는 아닙니다. 다시 말해 부모의 나쁜 뜻도 그들의 선한 뜻과 마찬가지로 흔히 좌초될 수 있지요. 집안에서 아버지 몰래 하는 비밀스러운 일탈행위로 기도를 한다면, 기도가 강요되는 집안에서는 가질 수 없는 매력을 갖게 될 수도 있지요. 그리고 *Virginia Anthology*(버지니아 앤솔로지)에 글이 실리게 되었다니 축하드립니다…. 나이

드는 것에 대한 부인의 두려움을 충분히 이해합니다. 그리고 주님의 고난을 묵상하고 계신 것은 물론 너무도 잘 하고 계신 일이지요. (어휴, 써야 할 편지가 이렇게 쌓였는데, 케임브리지 학부장 관사 Lodge에서 온 전화를 받아 보니 어떤 '귀부인'께서 저를 만나러 오고 계신다고 하네요.) 참, 제가 이번에 케임브리지 대학 교수로 가게 되었답니다. 이는 업무는 줄어들고, (이것이 세상의 방식이지요) 봉급은 더 많이 받게 된다는 말이랍니다. 저 역시 관절염이 있습니다만, 그리 심한 정도는 아니랍니다. 걷기 힘든 길을 한 30킬로미터쯤 걸은 몸 상태라고나 할까요? 다시 글을 쓸 여유가 생겨서 참 좋습니다. 정말이지 이번 여름은 눈코 뜰 새가 없었답니다. 늘 부인을 위해 기도하고 있습니다.

Yours
Jack

모들린 칼리지,

옥스퍼드.

Oct 9th 54

친애하는 메리에게

6일자 편지 감사합니다. 동봉해 주신 시도 참 좋았습니다. Shid-he('쉬'라고 발음합니다) 족이라는 요정은 지금도 아일랜드 여러 지방 사람들이 그 존재를 믿고 있고, 또 매우 무서워하는 존재입니다. 저는 라우드Co. Louth 지역의 아름다운 방갈로에 머물렀었는데, 그 지역은 숲에 유령과 (또 별개로) 요정이 출몰한다고들 하네요. 그런데 그 지방 사람들이 두려워하는 것은 사실 전자보다는 후자였습니다. 그러니까 그들에게는 유령보다 요정이 **더** 무서운 존재라는 것인데, 이쯤 되면 부인은 요정이 어떤 존재인지 감을 잡으셨을 겁니다. 어느 더니골 사람이 제가 아는 한 지역 교회 목사에게 들려준 말이라는데, 어느 날 밤 집으로 가는 길에 해변을 걷다가 바다에서 한 여자가 솟아오르는 것을 보았답니다. 그런데 "그녀 얼굴이 금빛처럼 창백했다"는 겁니다. 저는 어느 환자가 자기 의사에게 감사의 뜻으로 주었다는 레프리콘의[26] 구두를 본 적도 있답니다. 그것은 제 집게손가락 정도 되는 길이에, 넓이도 그것보다 넓지 않았고, 연한 가죽으로 만들어졌는데, 창 가죽이 조금 닳아져 있었습니다. '요정'을 코믹하고 귀여운 존재라고 생각하셨다면 이제 생각을 완전히 달리 하십시오. 요정은 사람들이 심히 두려워했던 존재랍니다. 요정이 '선인善人'으로 불린 이유는 그들이 실제로 선해서가 아니라 사람들이 그들의 비위를 맞추려 했기 때문입니다. 저는 셰익스피어 작품들에 나오는 그런 **쪼끄마한** 요정들을 실제 믿거나 믿었던 이들을 한 사람도 발견하지 못

---

[26] leprechaun; 아일랜드 전설에 나오는 요정으로, 삼각모자를 쓰고 가죽 앞치마를 두른 자그마한 노인으로 묘사되며, 한적한 곳에서 구두와 가죽신을 만든다고 전해진다. ①

했습니다. 그런 요정은 순전히 문학적 창작물일 뿐입니다. 레프리콘은 사람보다 작지만, 대부분의 요정은 사람 크기이고, 어떤 것은 더 컸습니다. 요즘 이 나라에서는 교수직에 있다 해도, 아니 어떤 직업을 가졌든 안락한 노년이 자동적으로 보장되는 것 같지는 않습니다. 부인도 알다시피, 연금이나 투자금은 '불로소득'이라고 해서 따로 세금이 붙고, 그러다 보면 남는 것이 별로 없지요. 사전에 나와 있는 것 이상의 불어 지식을 가진 것이 아니라면 불어책을 번역하는 것은 상당히 힘든 일이 될 텐데요! 가령 저는 "est ce qu'il y en avait" 같은 어구를 제대로 이해시켜 줄 수 있는 불어사전이 있을지 의심스럽습니다. 그보다는 부인이 가진 영어책 중에서 불어 번역본이 있는 것들(가령 성서)을 택해서, 그것으로 먼저 불어를 요령 있게 공부해 보세요. 동봉해 드리는 불어판 《사자와 마녀와 옷장》은,[27] 보다 현대적이고 불어다운 표현을 공부하기에 좋을 것입니다. 허물없는 사이니 드리는 말씀인데, 솔직히 저는 부인께서 말씀하신 그 책을 잘 번역하리라 생각하지 않습니다. 하지만 그 책과 씨름하다 보면 불어에 대해 많이 배우시게 될 것이고, 그러다 보면 다음 번 시도에서는 더 나아지실 테지요. 부인이 처하신 여러 어려움 중 하나라도 제가 없애 드릴 수 있으면 좋겠습니다. 하지만 분명한 것은, 성령께서는 그 모든 어려움 중에서 부인의 길을 이끌어 주고 계시다는 사실이지요. 무한한 은총을 빕니다.

Yours

Jack

---

[27] *Le Lion et la Sorciere Blanche*.

모들린

Nov 1st 54

친애하는 메리에게

부인께서 불어를 모르신다고 하셨으니, 저는 그대로 믿을 수밖에요! 부인께선 그저 짐짓 겸손을 가장하신 것뿐인데 제가 곧이곧대로 받아들여서 충격을 받으셨다면—글쎄요, 다음 번에는 그렇게 가장하실 때 보다 연습이 필요하실 것 같습니다. 분명히 말씀드리지만, 저한테는 그런 것이 잘 통하지 않는답니다. 저는 어떤 남자가 자기가 뭘 할 줄 모른다고 하면, 그의 말을 그대로 믿어버립니다. 그러니 **그는** 제가 그렇다는 것을 알고 있어야 합니다! 그간 몸이 좋지 않으셨다니 정말 안되었습니다. 부인께서는 그 '오래된 문제'가 무엇인지 밝히지 않으셨습니다만, 어쨌거나 다시 그것에서 벗어나시기를 바랍니다. Lion et la Sorciere을 어디서 구할 수 있는지 물으셨는데, 부인께 보내 드린 그 책에 보시면 가격과 출판사 이름과 주소가 인쇄되어 있을 것이고, 거기로 주문서에 돈을 동봉해 보내면 책을 보내 줄 것입니다! (사람들은 제게 어떤 책을 어떻게 구하느냐고 물어 올 때가 많은데, 이상한 일입니다. 석탄 한 박스나 진gin 한 병을 주문하는 일에 대해서는 그렇게 어려워들 하지 않을 텐데 말입니다.) .... 아닙니다. 제 관절염은 그렇게 나쁜 상태는 아니랍니다. 심한 통증은 왼쪽 발에만 있는데, 한 50미터쯤 걸으면 오른쪽 발은 여전히 생기발랄하지만 왼쪽 발은 내내 투덜거립니다. "그만! 그만! 우리는 이미 50미터나 걸었잖아!" 난처한 것은, 요즘 살이 많이 찌기 시작해서, 체중을 줄이자면 많이 걸어야 하는데, 요 발이 문제라는 것이지요. 하는 수 없이 감자, 우유, 빵을 끊어야만 했습니다. 이렇게 의학적 이유로 금식해야 하는 것은 아마 그동안 더 고귀한 이유로 금식하지 않았던 것에 대한 합당한 벌이겠지요! 제가 케임브리지 대학 교수가 되었다는 말씀 드렸던가요? 저는 케임브리지 모들린Magdalene 대학에서 1월 1일부터 일하게 됩니다. 두 대학 스펠링이 어떻게 다른지 보십시오. 그 차이는, 일은 더 적게 하고 봉급은 더 많아진다는 의미랍니다. 아마 저는 모들린Magdalen보다는 모들린Magdalene을 더 좋아하게 될 것 같습니다. 그것은 자그마한 (가히 카메오cameo 건물이라고 할 만합니다) 대학인 데다가, 거기 사람들은 다 대단히 구식이고, 경건하고, 신사적이고, 보수적입니다. 좌파적이고, 무신론적이고, 냉소적이고, 하드보일드하고, 규모가 큰 여기 모들린과 달리 말입니다. 여기서는 시대에 뒤떨어진 '노파' 같은 존재였던 제가 아마 거기서는 '저돌적인 아이enfant terrible'가 될 것 같습니다. 성 막달라 마리아의 가호 아래 계속 머무는 것은 좋은 일이지요.[28] 아마 지금쯤이면 그녀도 전혀 낯선 사람보다는 저를 더 많이 알고 있지 않겠습니까? 요 근래 그녀가 한 고귀한 행동의 알레고리적 의미 하나가 떠올랐답니다. 우리가 그 거룩한 발 앞에서 **깨뜨려야** 하는 값비싼 옥합이란 다름 아니라 우리의 **마음**입니다. 말은 쉽지만 행하기란 어려운 일이지요. 그리고 그 안에 들어 있는 내용물은 오직 옥합을 깨뜨릴 때에야 비로소 향유가 됩니다. 옥합에 가만 들어 있을 때 그것은 향유보다 오물에 가깝지요. 경고로 삼지 않을 수 없습니다.

Yours

Jack

---

28 두 대학 이름 모두 다 성경의 '막달라 마리아'로부터 유래한다. ⓘ

모들린 칼리지,

옥스퍼드

Nov 17, 54

친애하는 메리에게

제대로 편지 쓸 시간은 안 되지만, 그래도 보내 주신 두 편지에 감사하다는 말씀 간략히 적어 보냅니다. 불어에 대해 하셨던 농담을 사과하실 필요는 없답니다. 그것이 농담으로서 결점이 있었다면, 좀 **파악하기 어려운** 농담이었다는 것뿐입니다! 귓속 신경통은 제 오랜 벗인데, 보통은 외풍 때문이라고 생각하고 있습니다. 은총을 빕니다.

Yours

Jack

모들린 칼리지

옥스퍼드

Nov 20 54

친애하는 메리에게

보내 주신 잡지 감사드립니다. 부인의 시 "Pome(사과)"은 장엄하고 엄숙한 비잔틴 분위기를 대단히 잘 담아냈다고 생각합니다. 매카시에[29] 대해 말씀드리자면, 그간 그를 언급하면서 혐오감을 표현하지 않는 사람은 미국인이든 영국인이든, 아직 한 사람도 만나 본 적이 없답니다. 제 제자 중에 아주 똑똑한 미국인 친구 하나가 이렇게 말하더군요. "그는 우리 나라의 히틀러가 될 만한 인물이에요."

서둘러 몇 자 적습니다.

Yours

Jack

---

[29] Joseph Raymond McCathy; 1908-1957. 미국 상원의원. '매카시즘'이란 말이 생겨나게 만든 장본인. ①

더 킬른스The Kilns,

헤딩턴 콰리Headington Quarry,

옥스퍼드

29/1/55

친애하는 메리에게

네, 제가 최근 부인을 (비롯해 여러 분들) 서운하게 한 건 사실입니다. 하지만 몇 가지 변명거리가 있답니다. 저를 찾아오신 손님들이 계셨고, 이사 준비를 해야 한 데다가, 이사도 해야 했지요. (마침 형님이 몸져눕는 바람에 모든 우편물들을 저 혼자 처리해야 했지요.) 또 케임브리지에 정착하는 일도 있었고, 게다가 수도관이 터지는 등 재미난 일들도 벌어졌고, 여기저기 가봐야 할 곳들도 많아서―정말이지 이곳저곳 다니며 편지 쓰는 것으로 생활 전체가 채워졌던 기간이었습니다―제게는 펜이 마치 갤리선[30] 노예에게 노 같은 것이 되어버렸답니다. 거기다가 (감사하게도) 독감이 걸려서 반 혼수상태로 침대에 오래 누워 있었답니다. 어제서야 처음 외출할 수 있었습니다. 다음 주 목요일에는 케임브리지에 가다시 일을 볼 수 있기를 바라고 있습니다. 상황이 이랬기에, 저로서는 시를 쓴다는 것은 장애물 경주를 하는 것 같은 것이었습니다! 그러나 부인을 위해 기도하는 일은 결코 쉽지 않았답니다. 그러니 소식 드리지 못했던 것에 맘 상하지 않았으면 합니다. 그리고 1년 중 성탄절이 가까울 때가 가장 편지 쓰고 싶지 않다는 것을 꼭 기억해 주시기 바랍니다. 제 짐이 가장 무거울 때가 바로 그때거든요. 부인께서는 제 일과에 대해 아주 틀린 어림짐작을 하시는 것 같습니다! 부인의 '건강상 어려움들'은 정말로 유감이며, 그 '검사'(학교에서 하든, 병원에서 하든, 경찰서에서 하든, 다 끔찍한

---

[30] 노예들이 노를 저었던 로마 군함.

것들이지요!) 결과가 좋기를 바랍니다. 이제 또 부인의 용서를 구합니다. 보시다시피 지금 저는 글씨도 알아보게 쓸 시간적 여유도 없네요. 은총을 빕니다.

                                        Yours

                                        Jack

모들린 칼리지,
케임브리지

20/2/55

친애하는 메리에게

14일자 편지 감사드립니다. 이왕이면 편지를 하루 늦게 써서 검사 결과를 알려 주시지 그러셨어요. 저는 몸이 아프거나 너무 피곤할 때도 평상시처럼 기도 일과를 지켜야 한다고는 생각하지 않습니다. 기도 습관을 만들어 가야 할 초신자들에게는 이렇게 말씀드리지 않습니다만, 부인께서는 이미 그 단계를 지나셨지요. 우리는 신앙생활을 유대인들처럼 엄격한 (율)법 준수 생활로 만들어서는 안 됩니다. 두 가지 이유가 있습니다. (1) 그 법대로 생활하지 못할 때 양심의 가책에 시달리게 됩니다. (2) 반대로, 그대로 지키며 생활할 때는 우쭐거리게 되지요. 룰을 지키며 사는 것만큼 사람의 양심에 거짓된 편안함을 주는 것은 없습니다. 진정한 자비나 믿음 같은 것은 전혀 없어도 말입니다. 영적 지도자의 승인을 받거나 의사의 지시를 따라 미사에 빠지는 사람은 미사에 가는 사람만큼이나 순종을 행하는 것입니다. 여기에 대해 부인의 고해신부님께 한번 여쭤 보세요. 분명 그분도 그렇다고 하실 겁니다. 그리고 하나님의 현존과 하나님의 현존을 **느끼는** 것은 물론 다른 것입니다. 후자는 그저 상상의 결과일 수 있습니다. 또 전자는 '감각적 위로' 없이도 존재할 수 있는 것이고요. 성자께서 "어찌하여 나를 버리셨나이까?" 말씀하셨던 그때에도 성부께서는 **실제로는** 성자와 함께하셨습니다. 네, 하나님께서 친히, 사람으로서, 버림받는 사람의 느낌을 감수하신 것이지요. 자연적 수준에서 이와 정말로 유사한 것이 하나 있습니다. 총각이 숙녀에게 말씀드리려니 좀 이상하긴 하지만, 너무 좋은 예라서 들지 않을 수 없네요. 아이를 가지려면 마땅히 쾌락이 따라야 하고, 또 실제로 보통 쾌락이 따르지요. 하지만 그렇다고 그 쾌락이 아이를 낳는 것은 아니지요. 쾌락은 있지만 임신은 안 될 수 있고, 또 쾌락이 없더라도 임신이 될 수 있는 것이지요. 하나님과 영혼의 영적 결혼에 있어서도 마찬가지입니다. 우리 안에 그리스도를 낳는 것은 성령의 실제적 현존이지, 그 현존에 대한 우리의 **느낌**이 아닙니다. 그 현존을 **느끼는** 것은 추가적인 것으로서, 우리가 받으면 감사해야 할 선물이지만, 어쨌거나 그건 부수적인 것입니다. 부인께서 과로하셨다니 대단히 유감입니다. 그리피스Griffiths의 책에 해 주신 서평, 감사합니다. 물론 저도 읽었고 좋아했던 책이랍니다. 그리고 제《인간 폐지》에 해 주신 말씀 기뻤습니다. 왜냐하면 그 책은 제 책 중에서 가장 좋아한다고도 말할 수 있는데, 일반 대중들에게는 거의 완전히 외면 받았거든요. 판다에게 제 애정을 전해 주세요. 저는 고양이와 같은 마음을 가졌답니다. 그리고 늘 서로를 위해 기도합시다.

Yours

Jack

더 킬른스

킬른 레인

헤딩턴 쾌리

옥스퍼드, 영국

21/3/55

친애하는 메리에게

16일자 편지 감사합니다. 부인이 겪고 계신 그 모든 충격적인 일들에 정말이지 마음이 안타깝습니다. 그래도 건강 검진 결과는 좋은 소식이네요. 이제 다시는 신경 쓰지 않아도 되는 것이 하나 생겼네요. 꼭 부인에게서만 아니라, 저와 편지를 주고받는 많은 이들에게도 받는 인상인데, 부인의 나라 사람들은 여기 사람들보다 훨씬 더 의학적 마인드를 가진 것 같습니다. 다시 말하자면 그들은 건강에 대해 너무 많이 읽고 생각하고, 의사를 너무 자주 찾는 것 같습니다! 저는 아주 사소한 것이거나 정말로 필요한 경우가 아니라면, 수술을 받는 것은 무모한 일이라고 봅니다. 절친한 친구이기도 한 제 주치의 (로마 가톨릭 교인이기도 합니다) 말로는, 절대 다수의 질병은 치유가 아예 불가능하거나, (다행히 이 경우가 더 많은데) 때가 되면 자연히 치유되는 것이라네요. 제가 "그런데 나는 감기에 걸렸을 때 하루나 이틀 동안 감기약을 먹고 나면 분명 차도가 있던걸?" 하고 물었더니, "물론 그렇지. 그건 자네가 기침이 정말로 심해져야, 즉 감기가 최고 정점에 이르러야 약을 먹기 때문이지. 사실 자네가 약을 먹든 먹지 않든, 그 감기가 떨어지는 시간은 거의 같을 걸세"라고 하더군요. 들려주신 그 놀라운 이야기 중 상당 부분은 제가 잘 이해를 못하겠네요. 전화를 아예 없애버린다고 그 공격에서 보호가 될까요? 제게는 전화벨 소리로부터 자신을 보호하겠다고 총을 들고 거리에 나서는 것만큼이나 상관없는 일로 들리는데요! 물론 부인이 겪으신 그 일 자체는 전혀 웃을 일이 아니죠. 정말 많이 놀라셨던 것 같습니다. 지금은 기분이 보다 나아지셨기를 바랍니다. 얼마 전, 우리는 고양이와 강아지에 대해 이야기하다가 이런 결론에 이르렀지요. 고양이와 강아지는 둘 다 양심이 있는데, 강아지는 정직하고 겸손해서 늘 편치 않은 양심을 가지고 사는 반면, 고양이는 바리새인이라 늘 편한 양심을 가지고 산다고요. 고양이가 가만 앉아서 당신을 당혹스러울 정도로 노려보고 있을 때는 자기가 다른 개들 같지 않다는 것, 혹은 저 인간들 같지 않다는 것, 혹은 저 다른 고양이들 같지 않다는 것에 대해 하나님께 감사를 드리고 있는 거랍니다.[31] 부인께서 우표를 동봉해 주셨기에 이 편지는 항공우편으로 보냅니다만, 사실 그 우표들은 여기서 거의 무용지물이랍니다. 앞으로는 계속 선편으로 편지를 보내렵니다. 우편요금은 제 한 주간 경비에서 상당 부분을 차지한답니다. 틈을 내어 서둘러—제 글씨를 알아볼 수 있기를 바랍니다—또 위로의 마음과 축복하는 마음으로 간단히 적었습니다. 부인의 [로마 가톨릭] 교회 사람들이 말하듯, *Oremus pro invicem* 우리, 서로를 위해 기도합시다.

Yours

Jack

---

[31] 참고. 눅18:9-14. ⓘ

더 킬른스, etc

24/3/55

친애하는 메리에게

수술을 앞두고 계신 부인께 짧게나마 위로와 격려의 말씀드립니다. 전에도 위기에 처하셨을 때 평소보다 더 많은 믿음을 선물로 받으셔서 능히 이겨 내신 것처럼, 이번에도 그렇게 되기를 기도하겠습니다. A 신부님이나 그 누구도 나한테 "별로 관심이 없는 것 같다"는 느낌을 키우지 않도록 경계하세요. 우리는 힘들 때 쉽게 그런 생각에 빠지곤 하지 않던가요? 또 다른 사람들의 표정이나 어조를 잘못 해석하기 참 쉽다는 것도 늘 기억하세요. 우리가 말을 건네는 그 사람의 머릿속은 우리가 알지 못하는 걱정거리들로 복잡할 때가 많지요. 다아시D'Arcy 신부님과 저는 한때 같은 단테 학회에 몸담았던 적이 있고, 저도 그 강단에서 강연한 적이 있어서 아주 잘 알고 있답니다. 대단히 흥미로운 분이시고, 또 탁월한 강연자이시지요.

My prayers always,
Yours
Jack

더 킬른스, etc

2nd April 1955.

친애하는 메리에게

급히 서둘러 몇 자 적습니다. 다음 편지에는 그 수술이 대단히 순조로웠다는 소식이 담겨 있기를 바랍니다. 두려움은 끔찍한 느낌이지만, 부끄러워할 필요는 없습니다. 우리 주님께서도 겟세마네 동산에서 (참으로) 두려워하셨지요. 저는 그것을 대단히 큰 위안을 주는 사실로 여기고, 자주 생각한답니다. 축복을 빕니다.

Yours,

Jack

더 킬른스, etc

8/5/55

친애하는 메리에게

보내주신 14일자 편지에 이렇게 늦게서야 답장을 드리게 되어 정말 미안합니다. 일련의 장애물들이 있었답니다. 먼저, 편지에 주소가 적혀 있지 않았고, 봉투 겉면도 물기에 젖어서 주소를 알아볼 수 없을 만큼 번져 있었답니다. 둘째로는, 지금껏 저는 케임브리지에 있었고 (부인의 편지가 그리로 전달되어 왔지요), 부인의 주소는 여기 이곳의 파일에 들어 있었답니다. 셋째는, 형님 몸 상태가 좋지 않아 여기 없는 관계로, 형님에게 편지를 보내 대신 주소를 적어 부쳐 달라고 부탁할 수도 없었답니다. 넷째는, 보통 주말에는 집에 돌아왔으나 지난 주말에는 철도 파업이 있어서 그러지 못했답니다. 이렇게 하다 보니 어제가 되었지요!

수술을 마치셨다니 기쁩니다. 그런데 부비동성 두통sinus headache(제게도 오랜 원수이지요)이 있으시다니 안타깝네요. 그래도 저는 그 두통이 구토성 두통sick headache보다는 낫다고 봅니다. 그 두통은 이른바 '깔끔한 통증clean pain'이라 **전체적** 권태감—제가 아는 누구는 그것을 '온몸이 처지는 기분'이라고 하더군요—을 불러일으키진 않거든요. 부인께서 도와주셨다는 그 '유능한' 젊은 여자분 이야기는 참 좋네요. 알고 보니 사람들이 다 자기보다 낫다는 것을 알게 될 때 찾아오는 그 '부끄러움'을 **아마** 알 것 같습니다. 사실 그것은 참 기분 좋은 종류의 부끄러움이지 않습니까? (그런 종류의 감정들이 또 있지요!) 저는 그 시 **부활**의 두 번째 연이 제일 맘에 듭니다. 운韻에 목메는 우리 삼류 시인들끼리 하는 말이지만, world워얼드같이 중요하고, 또 행의 말미에 와야 할 때가 많은 단어에 동운어同韻語가 너무 적다는 것은 정말이지 애석한 일이 아닐 수 없지요. Furled펄드, hurled헐드, curled컬드 같은 단어들이 있긴 하지만 도움이 되지 않고, 또 뭐가 있나요. ['churlish'심술궂은라는 형용사에서] churl철이라는 동사를 하나 만들어 써야(churled철드) 하지 않을까 싶습니다.

여기 영국은 어느 해보다 쌀쌀한 봄입니다만, 저는 뻐꾸기 우는 소리를 거의 듣지 못하고 있다가 오늘에서야 (그다지 반갑지 않은 시간인) 새벽 5시에 들었네요.

늘 부인을 위해 기도하고 있습니다. 부인께서도 저를 위해 기도해 주시기 바랍니다.

Yours

Jack

더 킬른,스 etc

14/5/55

친애하는 메리에게

8일자 편지 감사합니다. 지금쯤이면 제가 앞서 보낸 편지를 받으셨으리라 믿습니다. 그간 소식을 드리지 못한 연유를 거기 적었습니다. 제가 했던 그 강연[32] 원고를 보내 드립니다. 제가 대상으로 한 그 청중을 제외하고는 재미없어 할 내용입니다. 〈타임 *Time*〉에서 저를 다루었다는 말을 들었습니다만 [다른 의미의 Time (즉, 시간)은 늘 저를 심하게 다루지요!] 저는 아직 보지 못했습니다. 멋진 생일파티를 열었다니 기쁘네요. 개인적으로 생일파티를 좋아하지 않지만 말입니다. 요즘 근황을 소상히 말씀해 주시지 않고 계십니다만, 무소식이 희소식이기를 바랍니다. 평안을 빕니다.

Yours in haste
Jack

---

[32] 아마도 그의 케임브리지 대학 취임 강연인 *De Descriptione Temporum*을 가리키는 것으로 보인다.

모들린 칼리지
케임브리지

7/6/55

친애하는 메리에게

29일자 편지 감사합니다. 〈타임〉에 실린 그 사진은 제게 유익한 고행이 되었습니다. [수도자들이 고행을 위해 입는다는] 거친 모직 셔츠만큼이나 유익했지요. (참 과장이지요? 좀 불편한 속옷을 반나절만 입고 있으라 해도 그보다는 차라리 《이상한 나라의 엘리스》에 나오는)그 '추한 공작부인'처럼 차려 입고 싶어할 것이면서 말입니다!) 그 중국인 새색시에게 친절한 아줌마 요정 역할을 해 주신 부인의 행동은 분명 흐뭇한 일이었고, 부인도 그렇게 여기시는 것 같네요. 그녀가 누구하고도 결혼하고 싶어 하지 않는다니 조금 놀랍네요. 아마 아기를 낳게 되면 마음이 달라지겠지요. 그런데 중국인들의 관습은 참 많이 다르지 않던가요? (제 눈에는) 그들에게는 부모가 전부이고 자기 남편은 (자기 부인은 더더욱) 안중에 없는 것 같더라고요. 중국인을 손님으로 받으려 하지 않는 상점이 있었다는 건 참 충격적이네요. 하지만, 미국에서든 여기서든, 형제애 운운하는 말들이 위선에 불과할 때가 많다는 것은 진작 알고 있었지요. 아니, 달리 말하자면 형제애 운운하는 사람은 대개 '나보다 높은 사람은 없다'는 뜻으로 그 말을 하더라고요. '나보다 낮은 사람은 없다'는 뜻은 **아니라** 말입니다. 얼마나 역겨운지요!

(이곳 기준으로) 따뜻한 날씨가 마침내 시작되었고, 뻐꾸기가 활동하기 시작했답니다. 저는 이틀 전에 처음 해수욕을 했답니다. 철도파업(여기서도 형제애니 민주주의니 하는 말들이 많이 나오지요)이 계속되고 있고요. 저는 이번 토요일에 옥스퍼드로 여행을 가는데, 특별한 목적지 없이 이곳저곳 모험을 해볼 생각입니다. 어쩌

면 제 뼈들이 노변에서 발견될 수도 있겠네요.
평안과 축복을 빕니다.

Yours

Jack

모들린 칼리지

케임브리지

21/6/55

스크랩해 보내 주신 신문 기사 잘 봤습니다. 고해실 가는 것을 무서워하는 부인께서 부인 이야기를 신문사에 보내 기사화시키셨다니 재미있네요! (그 독자투고 편지 중 어떤 것은 신문사 편집부에서 지어낸다는 걸 아십니까? 교육 목적이라지만 사실 사기 행위지요.) 시샘 많은 그 동료 두 분 이야기는 유감이네요. 몸에 가시가 박혔을 땐 (빼내기 전까진) 깊숙이 박힌 그곳을 누르지 않는 것이 최선이지요. 다시 말해 싫은 사람에 대해선 [아직 그들을 용서하지 못할 바에는] 아예 생각이 그리로 향하지 않도록 하는 것이 좋습니다. (확고하면서도 부드럽게 그렇게 해야 합니다. 자기 자신을 닦달하는 것은 좋지 않습니다. 그러면 더 시끄러워질 뿐입니다. 자기 자신을 온유하게 대하는 것은 성 프랑수아 드 살르가[33] 썼던 글을 읽어 보세요.)

타자기가 부인을 유혹한다고 하셨지만, 펜은 저를 유혹하지 못한답니다! 그래서 이만 줄입니다. 평안을 빕니다.

                                                Yours

                                                Jack

---

[33] 혹은 프란치스코 살레시오; St. François de Sales; 1567-1622. 제네바 시의 주교. ①

더 킬른스, etc

30/6/55

친애하는 메리에게

급히 서둘러 몇 자 적습니다. '전투battle'가 아니라 '해수욕bathe'을 한 것이랍니다. 이번에도 제 악필이 문제였네요. 교만, 우월감, 모욕 등에 대해서는 윌리엄 로의[34] 《경건한 삶을 위한 부르심 Serious Call to a Devout and Holy Life》(CH북스)보다 좋은 책이 없답니다. 거기 보시면 판지 위에 나비들처럼 꽂혀 있는 우리 모습을 보게 되지요. 지극히 가감 없고 신랄한 18세기 산문체로 쓰인, 전형적 인물들에 대한 소소한 이야기들이 바로 그 판자들이이랍니다. 이제 기차를 타러 가야 할 시간이네요. 런던에 가 이틀 밤을 묵어야 한답니다.

Yours

Jack

---

[34] William Law; 1686-1761. 영국의 영성 저술가. ⓘ

모들린 칼리지,
케임브리지

5/10/55

친애하는 메리에게

10월 1일자 편지를 방금 받았습니다. 무슨 일이 생긴 건지 잘 모르겠네요. 아마 편지 하나가 분실된 것인지도 모르겠습니다. 제가 이렇게 뒤쳐져 있는 줄 몰랐습니다. (요즘 부인께서는 편지 보내시는 속도를 높이셨지요! 저로서는 그 템포를 맞추기 어렵답니다). 저는 부인께 저의 신간 《예기치 못한 기쁨》 한 부를 보냈다고 생각했습니다. 이번 주말 옥스퍼드에 돌아가면 다시 보내 드릴 수 있을 겁니다. 저는 대부분의 휴가를 거기서 보냈고, 2주 정도는 아일랜드에서 보냈습니다. 도니골에 있었는데, 거긴 정말 천국 같은 곳입니다. 집에 돌아오자 형님이 몸져누웠고, 그래서 형님이 평소 해 주던 비서 일 도움을 받지 못해 한동안은 편지 쓰고 보내는 일로 거의 시간을 보내고 말았답니다. 부인 말고도 얼마나 많은 분들에게 답장을 못 했는지요! 지금은 이렇게 케임브리지에 돌아와 있는데, 여기는 놀라운 여름 날씨(이렇게 뜨겁고 건조한 여름은 제 생애 두 번째인 것으로 기억합니다)가 계속되다가, 가끔 고요하고 안개 낀, 요염한 가을날씨로 기분 좋게 넘어가기도 하고 그렇습니다. 편지에 부인 근황에 대한 말씀이 거의 없어서 유감입니다. 편지는 쓰지 못하더라도 기도는 늘 하고 있답니다…. 제가 받는 편지들에, 얼마나 많은 성가신 집안 문제들이 적혀 있는지 아마 부인은 상상도 못하실 겁니다. 우리는 평안한 겉모습에 얼마나 속고 있는지요! '평범한' 가정이란 그저 우리가 잘 모르는 가정에나 붙이는 말인 것 같습니다. 블루 마운틴이란 16킬로미터 떨어져 있을 때나 그렇게 보일 뿐이지요. 이제, 정말 남은 편지들에게 덤벼들 시간이네요. 평안을 빕니다.

Yours
Jack Lewis

모들린에서,
케임브리지

9/10/55

친애하는 메리에게

3일자 보내 주신 편지를 방금 받았습니다. 그 책을 이미 받으셨다는 걸 알게 되셨다니 다행입니다. 제가 참 싫어하는 (사소한) 것 가운데 하나가 소포 싸는 일인데, 그 일이 필요 없게 되어 기쁘기도 하네요. 그리고 보내 주신 거의 스캔들 수준의 엄청난 우표 선물도 감사드립니다. 그러나 (정색하고서 말씀드리건대) 다시는 그러지 마십시오. 우표도 돈이니, 부인께서는 돈을 아끼셔야 합니다. 15,000평이나 되는 산림을 소유하셨다는 부인 친구 분들이 부럽습니다만, 벽면이 거의 전부 창문이라는 그 집은 끔찍하네요. 제가 돌 던지기(혹은 비난하기)를 즐기는 성격이라서 그런 것은 아니고, 실내는 실내 느낌이 드는 것이 좋거든요. 방에서 보는 바깥 풍경의 주된 매력은 창문이라는 틀에 넣어져 통일된다는 것이지요. 더욱이 저는 실내에 햇빛이 비춰 들어오는 것을 좋아하지 않는답니다. 책 읽을 때 책장에 그림자가 생기고 활자 색깔이 푸르스름해지니까요. 실제 야외 생활을 즐기는 이들(선원, 농장 노동자)은 모두 두꺼운 외벽, 작은 창문, **폐쇄된** 공간을 좋아한답니다! 저는 사냥에 대한 부인의 의견에 전적으로 동의하지만—고백 하나 할까요?—모피에 대해서도 같은 생각이랍니다. 모피는 동물들이 **입고** 있을 때가 좋습니다. 잇달아 시련들을 맞고 계셔서 마음이 아프지만, 우리 주님께서 부인께 힘을 불어넣어 주고 계시니 기쁩니다. 축복을 빕니다.

Yours

Jack Lewis

모들린 칼리지,
케임브리지.

26/10/55

친애하는 메리에게

보내 주신 10월 21일자 편지를 받았습니다. 여러 어려움을 겪고 계신 부인에 깊은 동정을 느낍니다. 그 치과의사는 마땅히 감옥에 보내야 한다고 말하고 싶은 심정이네요. 아니 (요즘 같은 세상에) 그런 수술을 마취 없이 한다는 걸 들어 본 적이 없습니다. 여기서는 마취가 무료랍니다. 피하주사나, 통증의 원인이라는 그것에 대해 도통 아는 바가 없습니다. 하지만 미래에 대한 불안은 우리 모두가 다 이해하고 또 **무척** 견디기 어려워하는 것이지요. 그러나 저번에도 부인은 그러한 불안 중에서 가히 기적적으로 붙들림 받으신 만큼, 이번에도 그렇게 되시기를 기도합니다. 그리고 지금도 부인께서 그렇게 붙들림 받고 계시다고 생각합니다. 부인의 믿음은 부인 자신에게만 아니라 제게도 힘이 되고 있답니다. 하지만 사실 우리는 어떤 감정을 **마땅히** 가져야 한다는 생각 자체—그런 감정을 어떻게 가질 수 있느냐 하는 문제를 차치하더라도—부터 쉽게 받아들이지 못합니다. "**사람의** 분노는 **하나님의 의를 이루지 못한다**"는 말씀을 우리가 액면 그대로 고수해야 한다고 봅니다. 사람의 내면은 그 정도로 심각하게 뭔가 잘못되어 있다는 것을 늘 기억해야 한다는 것이지요. 저는 다만 이 모든 일들을 통해 부인께서 하나님과 결국 가까워지게 되기를 바랄 뿐인데, 부인의 편지 내용은 저의 그런 희망을 확증해 줍니다. 그리고 기억하시기 바랍니다. 그것은 결국 영원하지 않다는 걸요. (그 '방랑자 유대인'처럼,[35] 죽지 않고 **영원히** 지상에서 떠돈다면 그

---

[35] Wandering Jew; 예수 그리스도를 조롱한 죄로 영원히 떠돌아다니도록 저주를 받았다는 중세 민속 이야기 속의 유대인. ⓘ

얼마나 오싹한 일이겠습니까?) 때가 되면, 그 모두는 결국 다 꿈처럼 사라져버릴 것입니다.

제가 ○○○에 대한 온갖 기사들에 신물 나 하지 **않는** 이유는 하나입니다. 그것들을 읽지 않거든요. 저는 신문을 전혀 보지 않는답니다. 아니, 대체 사람들은 왜 신문을 볼까요? 신문 기사는 대개가 거짓말이고, 어찌나 군더더기 말들이 많은지 대체 무슨 말인지 파악하는 일도 쉽지 않은데 말입니다.

이제 그만 줄여야겠습니다. 오늘 아침 편지를 10장 썼는데 (여기 사람들은 8시 반이 되어야 아침식사를 한답니다) 벌써 11시 25분이네요. 제 일은 아직 손도 대지 못했고, 하루 중 가장 좋은 시간들이 다 가버렸네요. 하나님이 복 주시고 지켜 주시길 빕니다.

Yours

Jack

모들린에서,
케임브리지

9/11/55

친애하는 메리에게

보내 주신 3일자 편지와 대단히 호의적인 서평에[36] 감사드립니다. 호의적 서평이긴 하지만, 제가 "아이 같은 상상력이 만들어 내는 기묘한 창조물"에서 "기쁨"을 만났다고 하신 부분은 **그리** 정확하진 않네요. 사실 그 책에서 저는 **그런 것에서** 기쁨을 만나 보지 못했다고 아주 분명히 말했거든요. 하지만 괜찮습니다. 부인께서는 핵심을 아주 잘 파악하셨고, 또 그걸 아주 간결하고도 분명하게 잘 표현하셨습니다. 좋은 글이었습니다.

시가 뽑혀 실리게 되는 건 정말 기분 좋은 일이지요! 우리는 다 어린아이지 않습니까. 부인의 글을 고대하고 있겠습니다.

네, 저도 동의합니다. 어떤 상황에서 사람이 바꿀 수 있는 유일한 것은 보통 자기 자신이라는 것 말입니다. 하지만 사실 사람은 자기 자신을 자기가 바꿀 수 없습니다! 다만 주님께 그렇게 해 달라고 간청드릴 수 있을 뿐이지요. 간청한 다음에는 그저 성례나 기도나 평범한 생활규칙 준수 같은 평상시 의무들을 계속 수행해 나가야 합니다. 우리는 자신의 영적 상태에 대해 너무 야단을 떨지 말아야 합니다. 성 프랑수아 드 살르의 글을 읽어 보셨나요? 이런 주제에 대해 그 성인이 유익한 말씀을 많이 하고 있답니다. 평안을 빕니다.

Yours

Jack Lewis

---

[36] 루이스의 자서전인 《예기치 못한 기쁨》에 대한 서평.

더 킬른스,
헤딩턴 쿼리,

6/12/55

친애하는 메리에게

부인의 12월 2일자 편지에 담긴 소식을 접하고 마음이 많이 슬펐습니다. 제 책들에 대해 좋은 말씀을 해 주신 첫 장은 감동적이었습니다. 그런데…말미에 부인이 지금 처해 계신 그 큰 어려움에 대해 밝혀 주셨지요. 제가 부인을 도울 길은 없겠네요. 요즘 법에 의하면 저는 미국으로 송금할 수 없답니다. (이 얼마나 야만적인 제도인가요! 제가 아는 사람 중에, 미국에서 과부가 된 자기 여동생에게 몇 푼 안 되는 돈을 몰래 보내기 위해 **감옥 갈** 위험까지 감수한 사람이 있었답니다.) 그건 그렇고, 불과 얼마 전 부인께서 어떤 일자리를 거절하셨는데, 그런 일이 일어났다 해서 너무 운명의 장난이라고 확신해서는 안 됩니다. 하나님은 아시지만 부인께서는 모르셨던 어떤 암초가 그 일자리에 있었을 수도 있으니까요.

뭐라 드릴 말씀이 없네요. (안락과 안전을 누리고 있는 사람으로서 무슨 말씀을 드릴 수 있겠습니까. 물론 외견상의 안전일 뿐이지요. 진정한 안전은 오직 천국에만 있는 것이고, 이 땅의 것은 모조품일 뿐이니까요.) 제가 무슨 말씀을 드리든 다 끔찍이도 적절치 못하고 너무 쉽게 떠드는 소리일 수밖에 없을 겁니다. 그리고 부인께서는 이미 저보다 더 잘 알고 계십니다. 제가 만약 부인과 같은 상황에 처했다면 훨씬 더 당황했을 것이고, 아마 반항적이 되기까지 했을 것입니다. (유사한 상황에서 실제로 전 그랬었습니다.) 왜냐하면 (부인 말씀대로) "오직 하나님만 의지할 수밖에 없는" 상태가 되는 것이야말로 사실 우리가 가장 두려워하는 것이니까요. 이 두려운 진실은 우리가 사실 얼마나 많이, 얼마나 전적으로 다른 것들에 의지하고 있는지를 보여 주지요. 이는 우리 삶에서 너무도 멀리 거슬러 올라가고,

너무 깊이 뿌리박혀 있는 문제인지라, 우리는 의지할 것이 하나라도 남아 있는 한 결코 그분께 **스스로** 돌이키려 하지 않지요. 아마 우리가 할 수 있는 말은 이것이 전부일 것 같습니다. 어쨌거나 우리 모두는 결국 이런 상황을 만나게 되어 있다고요. 결국 죽음의 시간, 심판의 날이 닥쳐올 것이고, 그때 우리가 무엇을 의지할 수 있을까요? 그 순간에는 (비록 뜻하지 않았다 하더라도) 여기 지상에서 이미 그런 상황을 연습해 보았던 사람들이 아마 가장 큰 행복을 느낄 것입니다. 그분이 우리에게 **강제로** 그런 연습을 시키시는 건 좋은 일입니다. 하지만 어떻습니까, 그분이 그렇게 하실 때 우리가 그것을 좋다고 **느끼기란** 얼마나 어려운지요.

그 짧은 크리스마스 시, 좋네요. 특히 "커튼이 펴지네/ 둘러싼 단순함 때문에"라는 구절이 좋았습니다. 아주 분명한 주제가 경제적으로 표현되었네요.

저는 별 어려움 없이 잘 지내고 있답니다. 그렇다는 것이 조금 부끄럽기도 하네요. 하나님이 복 주시고 지켜 주시기를 빕니다. 낮이고 밤이고 늘 부인을 위해 기도하겠습니다.

Yours

Jack Lewis

더 킬른스 etc.

19/12/55

친애하는 메리에게

12월 15일자 편지 감사합니다. 부인의 그 이야기는 방식 면에서는—제 말은, 스타일 면에서는—아무 잘못이 없어 보입니다. 다만 이야기 중에 마치 성공회 교인들은 자살을 죄로 생각하지 않는다는 식으로 들릴 수 있는 말씀을 하셨지요! 물론 의도적인 것은 아니었다고 생각합니다. 이야기는 좋았습니다.

둘 중에 더 낫다는 그 일자리를 부인께서 꼭 얻게 되시기를 정말로 바랍니다. 저라도 분명 그쪽을 더 선호했을 것입니다. 물론 어떤 일이 정말 어떨지는 실제 부딪혀 봐야 알 수 있는 것이지만요. 그런데 그간 경험으로 보면, 무슨 일이든 정작 겪어 보면, 곁에서 보았던 것보다 훨씬 좋기도 하면서 동시에 훨씬 나쁘기도 하지 않던가요? 제가 늘 부인을 생각하고 기도하고 있다는 것을 기억해 주십시오.

크리스마스 편지 쓰는 일에 오늘 하루 대부분의 시간을 쓴 것 같습니다! 저는 제가 크리스마스 전 몇 주를 혐오하게 될까 걱정입니다. 그 (너무도 상업화되고 속악한) 야단법석의 대부분은 그리스도의 탄생과는 아무 관계없는 것들이지요. 정말이지, 물건을 사고파는 것이 (특히 파는 것이) 물건을 생산하거나 사용하는 것보다 더 중요한 것이 되어버린 것 같은 지금 세상이 유감입니다.

복을 빕니다. "그의 영원하신 팔이 네 아래에 있도다"는[37] 것을 기억하세요. 전혀 그렇게 느껴지지 않을 때에도 말입니다.

Yours

Jack Lewis

---

[37] 신 33:27.

모들린 칼리지,
케임브리지

8/2/56

친애하는 메리에게

2일자 편지와 스크랩해 주신 〈타임〉 기사, 감사합니다. 형님 말로는, 그 사진이 제 사진 중 제일 낫다고 하네요. 그런데 제 친구 하나는 그게 저인지 도통 못 알아보겠다고 하네요. 성냥에서 나오는 연기가 참 인상적이던데, 꼭 무슨 극소형 폭탄이 터진 것처럼 보이네요.[38] 기사 내용이야 물론 혼란스러운 사고와 명백한 허위의 뒤범벅에 지나지 않습니다. 제가 '거짓말lies'이라고 하지 않는 것은 그런 기사를 쓰는 이들에게 거짓말은 실은 그들 역량 밖의 일이기 때문입니다. 무슨 말인가 하면, 거짓말을 한다는 것은 자기가 알면서도 진실이 아닌 말을 한다는 것이지 않습니까. 그런데 진실이 아니라는 것을 알자면, 아니 진실과 허위라는 개념 자체를 갖자면, 일단 명확한 사고력이 전제되어야 하는데, 그들은 그런 것을 갖추지 못했습니다. 그러니 그들을 거짓말쟁이라고 부르는 것은 강아지를 두고 산수를 잘 못한다고 하는 것처럼 그들에게 과분한 칭찬이 되는 것이지요.

새로운 직장 일에 계속 흡족해하고 계시다니 기쁩니다. 좋은 사람들과 같이 일하고, 자신이 가치 있다고 여기는 일을 할 때는 그렇지 못할 때와 너무도 다르지요!

여기 기준으로 혹한기로 불리는 시기가 막 지났답니다. 미국 기준으로 보자면 아무것도 아닌 추위겠지만, 그러나 여기서는 수도 파이프들이 터지고 전기와 가스가 잘 공급되지 않는 등 난리에 불편이 이만저만이 아니랍니다.

---

[38] 루이스가 담배 파이프에 불을 붙이고 있는 사진.

여전히 부인을 위해 기도하고 있습니다.

Yours

Jack Lewis

모들린 칼리지,
케임브리지

4/3/56

친애하는 메리에게

제가 착각했네요. 저는 부인이 쓴 편지로 미루어, 제가 부인께 축하 편지를 보냈겠거니 생각했었는데, 그게 아니었네요. 부인과 부인 친구들의 기도 응답인 그 새로운 일자리에 대해 축하드린다는 내용의 편지를 말입니다.

제 소식이 궁금하다고 하셨지요? 아마 대부분 흥미로운 것들이 못될 것입니다. 얼마 전 〈박코스 여신도들 *Bacchae*〉[39] 연극을 관람했는데, 제겐 무척 흥미로웠지만 부인은 그리스 연극에 관심이 없으시지요. 월터 스콧[40] 클럽 연례 디너 모임에서 강연을[41] 하기 위해 에든버러에 다녀왔습니다. 부인께서 혹 스콧 독자시라면 몰라도, (제 옆자리에 앉았던) 에든버러 시장이 *Rob Roy* 로브 로이에[42] 나오는 베일리 니콜 자비 Bailie Nichol Jarvie와 **정말** 똑같이 생겼다는 말을 드려 봐야 별 의미 없겠지요. 스코틀랜드인들은 심하다 싶을 정도로 전형적이고 절대 변하지 않는답니다. 에든버러는 멋진 도시입니다. 험산 바위산 위에 성채가 있고, 그 너머 산들이 다 시내 중심가에서도 잘 보이지요. (아마 퀘벡이 에든버러와 조금 비슷하지 않겠나 싶지만, 잘 모르겠네요.) 지난 3주는 (여기로서는) 지독한 혹한기였는데, 오늘은 봄의 첫날입니다. 따뜻한 햇살에 맑고 파란 하늘, 또 모든 새들이 합창하는 듯하네요. 제 신간이[43] 지난 주 인쇄에 들어갔습니다. 큐피드와 사이키 이야기인데 그 자매 중

---
[39] 고대 그리스 비극 시인인 에우리피데스의 작품. ⓣ
[40] Walter Scott; 1771-1831. 스코틀랜드 소설가, 시인. ⓣ
[41] 루이스의 *They Asked for a Paper*에서 "Sir Walter Scott"를 보라.
[42] 월터 스콧의 소설. ⓣ
[43] 《우리가 얼굴을 찾을 때까지》를 말한다.

하나가 화자인지라, 저는 남성 작가로서는 첫 시도였다고 믿습니다. 즉 처음부터 끝까지, 남성 작가가 한 **추한** 여성의 입을 통해 말하고, 그녀의 생각 속에서 산 것이지요. 지금까지 그 책을 읽어본 여성 독자들은 다 그 여성 심리학을 인정해주었습니다. 남성 어조가 불쑥 침입해 들어오거나 하지는 않았다고요. 제 소식은 이게 전부일 것 같네요. 이 편지는 제가 오늘 (일요일) 아침 쓰는 여덟 번째 편지랍니다. 안식일을 어기고서!
모든 일이 계속 순조롭기를 바랍니다.

Yours sincerely

Jack Lewis

더 킬른스

헤딩턴 쾌리,

옥스퍼드

19/3/56

친애하는 메리에게

부인 편지 (참고하십사 동봉해 드립니다) 중 제가 밑줄 친 부분에 대해 급하게 몇 자 적습니다. 부인이 하실 필요가 없는 일들을 하나님이 부인더러 하길 원하신다고 너무 쉽게 확신하지 마세요. 우리가 할 일은 '하나님이 불러 주신 자기 위치'에서 해야 할 의무를 다하는 것입니다. 기억하시기 바랍니다. 행함 자체를 위한 행함을 가치 있게 여기는 것은 지극히 여성적이고, 지극히 미국적이고, 또 지극히 현대적인 사고방식이랍니다. 그러니 **세 개의** 장막이 올바른 관점과 부인 사이를 가로 막고 있는 것이네요! 음주에만 그런 것이 아니라 일에도 무절제가 있을 수 있습니다. 열정인 것 같지만 실은 안절부절못하는 것에 지나지 않거나, 심지어 그저 자기 자신을 치켜 세우려는 것에 불과할 수 있습니다. 맥도날드가[44] 말했듯이, "거룩한 것에도 사악한 욕망이 깃들 수" 있습니다. 게다가 '자신의 위치와 그 의무들'이 요구하는 바가 아닌 일들을 하려다가 정작 자신에게 **요구되는** 의무들을 이행하는 일에는 준비가 덜 될 수 있고, 그렇게 되면 이는 공정하지 않은 일이 되지요. 마르다뿐 아니라 마리아에게도 기회를 주시기 바랍니다![45]

Yours

Jack

---

[44] George MacDonald; 1824-1905. 스코틀랜드 작가, 시인, 목사.
[45] 참고. 눅10:38-42.

더 킬른스,

헤딩턴 쾌리,

옥스퍼드

20/3/56

친애하는 메리에게

저는 'high-hatting'이 무슨 말인지 모르겠네요. 아무튼 분명한 것은, 우리나라에서는 1,000명 중 999명은 스코트Scott를 전혀 쳐주지 않습니다. 교양 있다는 이들일수록 더욱 그렇지요. 여기 영국에서는 (저같이 구식 취향인 소수를 제외하고) 다들 그를 멸시합니다. '위대한great 연극'이 아니라 **그리스**Greek 연극이라고 한 것이랍니다. (제 악필이 문제였네요.) 숙녀는 그리스어를 읽지 못할 것이라고 가정한다 해서 실례가 된다고는 생각하지 않습니다. 여기 대학 도시에서도 그렇습니다! 그리고 저는 '문화 활동'을 하는 것이 아니랍니다. 제가 〈박코스 여신도들〉을 좋아하는 것은 재미있어서지 '교양 있는'—역겨운 단어지요!—문화생활이어서가 아니랍니다. 부인께서 제 편지를 오해하셨네요.

은총을 빕니다.

Yours

Jack

더 킬른스,
헤딩턴 쿼리,
옥스퍼드

15/4/56

친애하는 메리에게

31일자 편지와 동봉해 주신 시, 감사합니다. 좋은 시였습니다. 그간의 여러 주제가 하나로 잘 종합된 시라고 생각됩니다. 저는 교회력상 큰 절기들의 복잡성과 긴밀한 짜임새에, 나이 들어갈수록 더욱 깊은 인상을 받고 있답니다. 각각의 절기들은 어떤 총체적 신비를 향해 난 창문들이라고 할 수 있지요.

말씀하신 그 충격에 부인께 동정을 표합니다. 구체적으로 무슨 일인지 밝히지 않으셨지만, 알고 싶은 호기심이 조금도 없습니다. (말씀하지 않기로 하신) 부인의 결정이 옳다고 확신하기 때문이지요. 고해신부나 의사나 변호사에게 말할 때를 제외하고는, "[말해야 하나 말아야 하나] 의심이 들 때는 언제나 말하지 말라"는 것이 원칙이라고 생각합니다. (변호사에게는 정반대로 해야지요.) 적어도 저는 망설이다가 말했을 때는 거의 언제나 후회했고, 입을 다물었다가 후회한 적은 한 번도 없었습니다. (말하기 좋아하는 것이 제 결점 중 하나이기도 합니다.)

(다른 이들을 위한) 기도와, 다른 이들을 위해 고통을 감수하는 것에 대해서는 고린도후서 2장에 묵상할 만한 많은 구절들이 있습니다.

예.기.에[46] 대한 그 서평들(제게도 있으니 일부러 보내실 필요는 없답니다)은 정말이지 재미있네요. 오해랄 것도 없고, 그저 단순한 사실 관계에 있어서도 오류를 범하고 있어서, 지극히 초보적인 시험도

---
[46] 《예기치 못한 기쁨》.

통과하지 못할 수준의 것들입니다!

창문을 통해 **보이는** 봄은 아름답지만, 밖에 나가보면 여전히 몹시 춥답니다. 저는 내일모레 케임브리지로 돌아갑니다.

은총을 빕니다.

                                            Yours

                                            Jack

모들린 칼리지,
케임브리지.

26/4/56

친애하는 메리에게

최근 겪으신 일들, 참 안되었습니다. 의사도 심리학자도 아닌 저로서는 충분히 이해한다 말할 수 없겠지만, 정말 불쾌했을 것이라는 정도는 이해할 수 있습니다. 부인을 위해 계속, 또 더 많이 기도하고 있다는 말씀드립니다. 더 나은 기독교인이 되었으면 하고 바라는 이유 중 하나는, 그러면 다른 이들을 위해 드리는 기도가 보다 잘 응답되지 않을까 싶어서지요. 가끔 보면 정말이지 일들이 신기할 정도로 잘, 신속하게 서로 맞아 들어갈 때가 있지 않나요? 물론 우리는 고난이 올 때 어떤 자세로 임해야 하는지 배워 알고 있습니다. 그 고난을 미약하게나마 우리가 그리스도의 고난에 동참하는 것으로 여기고 그리스도 안에서 하나님께 바치라고요. 하지만 실제 그렇게 하기란 얼마나 어려운지요. 저는 그런 것을 **실제로** 행하기보다는 그저 상상만 잘하는 사람일 것 같아 걱정입니다. 만약 어떤 사람이 누군가를 너무도 사랑한다면, 그는 상대의 모든 삶을 진심으로 함께 나누고자 하겠지요. 그래서 위대한 성인들은 그렇게 하나님의 고통에 동참하기를 정말로 **원한다**고, 그래서 고통 받기를 갈망한다고 생각합니다. 그러나 저로서는 감히 엄두도 내지 못하는 일이지요. 이를 악물고 참아 내며 (그럭저럭) **신뢰하는** 것 정도가 우리들 대부분이 할 수 있는 최선이지요. 우리는 성인뿐만 아니라 동물에게서도 배워야 합니다. 병든 강아지는 자기를 치료해 주기 위해 아프게 하는 사람을 얼마나 잘 신뢰하는지요! 이 정도는 부인께서 하실 수 있다고 믿습니다.

다음번에는 더 나은 소식이 오기를 기대합니다. 우리 주님께서 부인을 붙들어 주시기를 바랍니다. 오직 그분만이 그렇게 해 주실 수 있으니까요.

Yours

Jack

모들린 칼리지,
케임브리지

21/5/56

친애하는 메리에게

정말 모골이 송연해지는 경험을 하셨네요. 미친 듯이 화를 내는 사람을 보는 건 정말 그 자체가 쇼킹한 일이지요. 저는 보는 사람의 신체에도 어느 정도 영향을 미친다고 생각합니다. (가령, 만원 버스 같은 데서) 어떤 **한** 사람이 마구 화를 낸다면, 보는 사람들 모두가 어떤 긴장감에 사로잡히게 되지요. 그들도 그 사람 거의 못지않게 화에 사로잡히게 됩니다. 이런 쇼크를 받으면, 게다가 부당하게 그런 일을 당하게 되면, 사람에게는 복합적인 반응이 나타나지요. 처음에는 용서하기가 그리 어렵지 않아 보입니다. (특히 그 화가 병리적이라는 것을 알 때는 더욱 그렇지요.) 그러나 한 5분쯤 지나고 나면 일종의 자각을 하게 됩니다. 즉, 자신이 정말 용서한 게 아니라는 사실을 깨닫는 것이지요. 분한 마음이 여전히 자기 몸속을 얼얼하게 한다는 것을 느끼게 됩니다. 그리고 그 '상처받은 마음'을 가만 들여다보면, 그건 (그렇게 믿고 싶겠지만) 단순한 슬픔일 때는 거의 드물고, 거의 언제나 상처받은 자존심, 자기합리화, 공포심, 심지어 (은밀한) 복수심 등이 섞여 있다는 것을 보게 됩니다. 그러나 부인께서는 분명 이런 것을 잘 알고 계시며 최선을 다해 싸우셨습니다. 하지만 일자리를 잃었다는 것은 계속 남아 있는 별개의 문제지요. 아, 정말이지 유감입니다. 그 교회 분들이 어떻게든 부인을 보살펴 주리라 믿습니다. 저 또한 기도할 것이고요. 인생이란 참 어렵습니다. 그래도 부인과 저는 그 대부분을, 앞두고 있는 게 아니라 이미 뒤로 보냈지요. 이 모든 것이 달라질 순간이 옵니다. 악몽은 영원히 계속되지 않습니다.

Yours
Jack

더 킬른스,

헤딩턴 쾌리,

옥스퍼드

14/6/56

친애하는 메리에게

11일자 보내 주신 편지 잘 받았습니다. 그런데 마침 부인과 거의 꼭 같은 상황에 계신 또 다른 숙녀분께도 편지를 받았답니다. 아, 세상은 참 험하고 무서운 곳이지요! 그래도 꼭 그렇기만 한 것은 아닙니다. 부인을 주저앉게 내버려 두지 않을 진실한 친구들이 계시다는 말에 기뻤습니다. 그런데 '초라하다'는 느낌을 ('너무 많이'는 말할 것도 없고) 조금이라도 가지실 이유가 대체 무엇이란 말입니까? 우리는 다 서로의 지체들입니다. 그러니 우리는 남에게 줄 뿐 아니라 받을 줄도 알아야 합니다. 법에 막혀 부인께 그걸 가르쳐 드리지 못하는 것이 유감일 뿐입니다.[47] 재정적 도움을 받아야만 하는 상황에서는 이런 영적 가치가 있다고 생각되지 않습니까? 그때 모든 사람은 다 전적으로 서로에게 의존하고 있다는 사실을 피부에 와 닿을 만큼 절절하게 깨닫게 되지요. 생각해 보세요. 부인께서 이른바 '재정적으로 독립적인'(다시 말해 상속받은 돈으로 사는) 사람이셨다 해도, 부인이 드시는 음식과 부인이 걸치시는 옷은 하나하나가 사실 다른 이들의 땀과 기술의 산물이지 않습니까? 그 보답으로 부인께서는 아무 일도 하시지 않고 계신데 말입니다. 저는 이것을 오랜 시간이 걸려서야 깨닫게 되었답니다. 또한 십자가를 바라보는 사람이라면, 자신은 도저히 갚을 길 없는 빚을 진 사람이라는 걸 어떻게 잊을 수 있겠습니까!

불행한 시기를 지내는 한 가지 비결은, 병중에 있을 때처럼 그저

---

[47] 영국법상 [미국에 있는] 그녀에게 돈을 보낼 수 없다는 뜻.

시간시간, 순간순간을 견뎌 내는 것입니다. **현재**가, 즉 바로 지금 이 순간이 도저히 참을 수 없을 만큼 고통스러울 때는 드무니까요. 밤에 깨어 있을 때마다 부인을 위해 기도하겠습니다. 좋은 소식이 오길 기다리겠습니다.

Yours

Jack Lewis

더 킬른스,

헤딩턴 쾌리,

옥스퍼드

5/7/56

친애하는 메리에게

6월 30일자 편지 감사합니다. 네, 말씀하신 그 프란체스코회 수도사분이 정말 옳은 말씀을 하셨네요. 누군가도 이렇게 말했지요. "악마는 지금까지는 사람들이 좋은 일을 못하도록 방해했지만, 이제는 그보다 두 배의 효과가 있는 계책을 배웠다. 이제 악마는 좋은 일을 **조직화**한다."

부인을 주저앉게 내버려 두지 않을 좋은 친구들을 하나님이 보내 주셨다니 대단히, 대단히 기쁩니다. 남들에게 도움 받는 것을 안 좋게 생각하셨지만, 이제 마음을 고쳐먹고 계신 것도 기쁩니다. 생각해 보세요. 남에게서 돈이나 기타 도움 받는 것이 불명예스러운 것이라면, 지금껏 우리가 했던 자선 행위들은 다 나쁜 짓이겠지요! 병든 나사로를 자기 집 대문 앞에 방치한 부자도 옳은 행위를 한 것이겠습니다! 더 나아가, 저 '가난한 자들'이야 도움을 받는 것이 좋은 일이지만, 나 같이 귀한 존재는 아무리 가난해지더라도 그렇지 않다고 하는 것이 옳은 생각이겠습니다! 자기 자신에 대해 특별 기준을 갖지 않기란 얼마나 어려운지요! 드퀸시는[48] 어디선가, 속으로 자기 행위를 **살인**이라고 묘사할 살인자는 없다고 말한 적이 있습니다. 자기를 '잘난 체하는 속물'이나, '배웠다고 뻐기는 사람'이나, '따분한 사람'이나, '등쳐먹는 인간'이나, 혹은 '남 이야기하길 좋아하는 사람'이라고 생각할 사람이 세상에 과연 얼마나 되겠습니까? 살인에 대해 말이 나왔으니 하

---

[48]Thomas de Quincey; 1785-1859. 영국의 저술가. ⓘ

는 말인데, 지금 우리나라는 교수형 제도를 폐지하려 하고 있다는 걸 아십니까? 이는 현명한 일일까요, 아니면 어리석은 일일까요? ...
저는 요즘 강연 준비로 매우 바쁘답니다. 제 기억에 이번 여름은 가장 햇볕이 드문 것 같습니다.

              Yours

              Jack

더 킬른스,

헤딩턴 쾌리,

옥스퍼드

3/8/56

친애하는 메리에게

7월 30일자 편지를 받았습니다. 여전히 어려움 가운데 계시다니 정말 안되었습니다. 부인의 '즐거움'(즉, 사람 사귀는 것)은 부인께 고난이기도 한 것 같은데요! 그러나 이해할 수 있습니다.... 사람들에게 '상처를 받을' 때 꼭 기억해야 할 사실은, 백에 아흔아홉은 그들이 상처를 줄 의도가 거의 혹은 전혀 없었으며, 의식조차 못할 때가 많다는 것입니다. 저는 '상처를 준' 경우들을 통해 이를 배웠답니다. 제가 정말 악의를 품거나, 화를 냈거나, 일부러 못되게 굴었을 때는 상대방이 신경 쓰지 않거나, 심지어 알아차리지도 못하더라고요. 그런데 제가 누군가에게 깊은 상처를 주었다는 것을 나중에 알게 되었을 때는 거의 언제나 제 편에서는 무의식적인 것이었더라고요. (아무튼 저는 '쉽게 상처받는' '예민한' 사람들은 **질색**인데, 부인도 그렇지 않습니까? 그들은 사회의 골칫거리입니다. 사실 진짜 문제는 그들의 허영심인 경우가 많습니다.)

저는 돈 까밀로를[49] 여러 해 전에 읽었는데, 그걸 어떻게 영화로 만들 수 있다는 건지 상상이 잘 안 되네요. 아마 거기에 러브 스토리를 얼마 집어넣을 생각인가 보죠? (어쨌거나 부인도 알다시피, 저는 영화에 알레르기가 있습니다.)

저는 좋은 힌두교인들을 (물론 역겨운 이들도) 알고 있습니다. 그들을 '이교도'라고 부르는 것이 정확하다고 생각합니다. 현대 대중적 의미—거의 '비종교적인'이라는 뜻인—가 아닌, 엄밀한 의미

---

[49] Don Camillo; 죠반니노 과레스끼(Giovannino Guareschi: 1908-1968. 이탈리아 소설가)의 여러 소설들에 등장하는 중심 인물로서 가톨릭 신부. ⓘ

에서의 '이교도' 말입니다. 다시 말해 물질을 멸시하는 태도를 취하는 그들의 극단적 고상함과 영성은 피타고라스, 플라톤, 마르쿠스 아우렐리우스와 대단히 유사합니다. 아, 참 가련한 이들이지요. 그들은 성례도 모르고 몸의 부활도 모릅니다.

네, '하나님이 안 주실 거다'라는 의심이 들 때 따라오는 두려움, 저도 알지요. 하지만 바로 이 순간 닥친 일을 견디지 못하는 경우는 정말 드뭅니다. 하나님은 실제 일어난 일을 견딜 수 있는 힘을 주시지, 앞으로 일어날지 **모르는** 무수한 일들에 우리에게 미리 힘을 주시지는 않는다는 사실을 기억하시기 바랍니다. 그리고 **하나님이** 가난이나 병 등으로 부인을 **두렵게 만드실 수 있다**고 그분이 증명해 보이셨다는 말씀은 하지 마세요. 저는 하나님이 우리로 하여금 그분 외 다른 무엇을 두려워하게 가르치시는 법이 결코 없다고 확신합니다. 이런 구절이 있는—그 부분만 빼면 별로이지만—찬송가가 있지요. "성도들아 하나님을 두려워하라. 다른 그 무엇도 두려워하지 않게 되리라." (라신도[50] 아탈리아Athalie에서, 물론 독립적으로, 같은 말—je crains Dieu et n'ai pas d'autre crainte—을 하고 있지요.) 부인이 지금 두려워하는 그 모두가 부인께 일어날 수는 없답니다. 혹 그중 하나가 일어난다고 해도, 정작 겪어 보면 부인이 생각했던 것과 상당히 다를 겁니다. 물론 이는 남에게 말하긴 쉽지만 정작 자신이 실천하기란 정말로 어렵다는 것을 알고 있습니다. 그리고 늘 기억해야 할 것이 있습니다. 가난 같은 좋지 않은 것들은 우리가 믿음으로 받아들이기만 하면, 자발적인 가난이나 참회 고행 못지않은 영적 가치를 지닌다는 것입니다. 은총을 빕니다. 부인을 위해 늘 기도하고 있다는 말씀을 드립니다.

Yours

Jack

---

[50] Jean Baptiste Racine; 1639-1699. 프랑스 고전주의 시인, 극작가. ⓘ

에이레Eire의 어딘가에서

18/8/56

친애하는 메리에게

지금 이곳저곳을 여행하는 중이기에 부인께 주소를 알려 드릴 필요는 없을 것 같습니다. 보내 주신 8월 12일자 편지가 오늘 제게 도착했답니다. 새로운 일자리 소식 반가웠습니다. 정말 부인에게 꼭 필요할 때, 하나님이 꼭 맞춰 보내 주신 선물 같네요. 저는 사랑하는 애완 동물을 두고 슬퍼하는 사람을 결코 비웃거나 놀리지 않으렵니다. 하나님은 우리가 그분을 **더** 사랑하기를 원하시지, (동물들도 포함해서) 다른 피조물을 **덜** 사랑하길 원하시는 것은 아니라고 생각하기 때문입니다. **어떤** 면에서 우리는 모든 것을 너무 많이 (즉, 하나님을 향한 사랑을 희생시켜 가며) 사랑하지만, 또 다른 면에서 모든 것을 너무 적게 사랑하고 있지요.

어떤 사람이나 동물이나 꽃이나, 심지어 조약돌도 '너무 많은' 사랑―하나님의 작품으로서 당연히 받아야 할 사랑 이상의 사랑―을 받았던 적은 없습니다. 그러나 '살인자가 된 것 같다'고 느끼실 필요는 없습니다. 그보다는 고통받은 사람들에게는 금지된 (당연히 금지되는 것이 옳습니다) 마지막 자비를 판다에게 베풀도록 하나님의 법이 허락한다는 사실에 기뻐하세요. 곧 이겨 내시리라 봅니다....

저는 지금 작고 어두운 호텔 침실에 있는 화장대에서 졸음을 참아 가며 편지를 쓰고 있답니다. 아무래도 이만 줄여야 할 것 같습니다. 하나님이 부인께 은총 베푸시길 빕니다. 판다에게도!

Yours

Jack Lewis

드럼베그Drumbeg 호텔,

인버Inver,

더니골 주Co. Donegal

Sept. 8/56

친애하는 메리에게

그 은행 관련 일들은 도대체 뭐가 뭔지 잘 모르겠네요. '비즈니스'라면 제가 정말 문외한이거든요. 하지만 그래서인지 부인의 당혹감에 더욱 공감하는지도 모르겠습니다. 아무튼 그 세계는 그저 두려운 미스터리입니다. 어쨌거나 그 일들이 결국 잘 해결되었다는 이야기로 들리는데, 맞기를 바랍니다. 분명 하나님께서 부인을 재정적으로 돌봐 주신 것 같습니다. 따뜻한 마음을 가진 사람들을 그분의 도구로 사용하실 거라고 기대합니다. 그렇게 되면 금상첨화가 되는데, 왜냐하면 그건 부인과 그들 모두에게 좋은 일이니까요.

말씀하신 그 젊은 여성 친구분과 그녀의 선물, 정말 아름답네요! 저는 다아시D'Arcy 신부가 캠피온 홀Campion Hall의 교수였을 때 자주 만나곤 했습니다. 우리 둘 다 단테 학회의 회원이었기 때문이지요. 그를 만나시면 제 안부를 전해 주시기 바랍니다.

힌두교인에 대해 제가 썼던 말은 아마 이것이었을 겁니다. (**이번에는** 글씨를 알아보게 쓸 수 있을까요?) 만일 '이교도'라는 말을 바른 의미, 즉 다신론자라는 의미로 사용한다면 힌두교인은 이교도이지만, 요즘 신문기자가 하듯이 그 말을 '비종교적인', 심지어 '타락한' 의미로 사용한다면, 그들은 물론 이교도가 아니라는 것입니다. (신문기자도 구원받을 수 있다면 이성에 반反한다고까지는 아니더라도, 분명 이성을 초월한 교리인 것은 맞습니다!)

제 이야기들이 맘에 드신다니 기쁩니다. 제가 가장 좋아하는 제 작품의 일부랍니다.

여기는 계속 춥고 (가히 혹한의) 습한 날씨입니다만, 가끔 아름다운 미광 속에서 먼 산들이 실제 높이보다 세 배나 높아 보이면서, 존 버니언 John Bunyan이 말한 '유쾌한 산들 delectable mountains' 같은 빛을 내기도 한답니다.

부인의 건강이 곧 회복되시길 바랍니다.

Yours

Jack Lewis

추신. 요즘은 에이레에서 레프리콘 Leprechauns을 찾을 수 있을 것 같지는 않습니다. 라디오가 그들을 다 쫓아냈습니다.

로얄 포트Royal Port 호텔,

라스마올라인Rathmullen

더니골 주,

에리어

Sept. 14 [1956]

부인과 메리 프랜시스 수녀, 그리고 버크 씨와 저를 다룬 기사들을 스크랩해 보내 주셔서 감사합니다. 둘 다 흥미롭네요. 그런데 문제가 있네요. 꼭 보면, 수녀들이 (남자) 수사들보다 근사하고, 여학생이 남학생보다 근사한 이유는 무엇일까요? 일반적으로 여자들이 남자보다 근사한 것은 아닌데도 말입니다. 아마 부인께선 위 세 주장을 다 부정하시겠지만 말입니다!

은총을 빕니다.

Jack

더 킬른스

헤딩턴 쿼리

옥스퍼드, 영국

20 Oct/56

친애하는 메리에게

보내 주신 14일자 편지에 답했어야 했는데 그러지 못했네요. 제 친구 하나가 갑작스럽게 몸져눕는 바람에 생긴 여러 일들을 수습하느라 정신없이 바빴고, 또 참으로 비통했던 날 그 편지가 왔거든요. 아, 도처의 고통들.... 부인의 건강이 좋지 않으시다니 정말 안되었습니다. "눈에 발진"이 생겼다니 정말 고통스러울 것이고 두통도 있을 것 같네요. 게다가 불안감까지. 하나님의 위로를 바랍니다. 그분께서 부인 곁에 좋은 친구들을 두신 것이 참 감사합니다.

급히 서둘러 몇 자 적습니다.

Yours

Jack

모들린 칼리지,
케임브리지

Nov 16/56

친애하는 메리에게

좋지 않은 소식들에 참 마음이 안타깝네요....
부인께 알려 드리고픈 소식이 하나 있습니다. (그러나 사람들한테 말하진 마세요. 아직 불확실한 것이니까요.) 제가 신랑이 되었다가 곧 홀아비가 될 것 같습니다. 네, 죽음을 앞두고 있는 어떤 이와 결혼하게 될 것 같습니다. 지금 심정을 묘사할 말을 찾기가 어렵네요. 그저 모든 감정이 주기적으로, 깊은 호수와도 같은 피곤과 무감각 상태에 빠져버린다는 말밖에는요. 심한 감기로 인한 두통도 일조하는 것 같습니다. 그러니 앞으로 편지를 길게, 또 자주 쓰진 못할 것 같습니다. 언제나 서로를 위해 기도하십시다.

Yours
Jack

더 킬른스

헤딩턴 쿼리

옥스퍼드, 영국

Dec. 12th 1956

친애하는 메리에게

여전히 좋지 않은 상황이라니 안타깝네요. 하지만 최악의 상황이 올 때 부인의 친구들이 부인을 곤경 속에 그냥 내버려 두지 않으리라 믿습니다.

제 일을 왜 부인께 비밀로 하겠습니까? (그러나 아직 공식적으로 발표하기 전이니 사람들에게 말하진 마세요). 조만간 저는 한 여자의 남편이 되었다가 곧 홀아비가 될 것 같습니다. 다시 말씀드리자면, 저는 매우 병이 깊은, 죽음을 곧 앞둔 여성과 결혼할 예정입니다. 이것이 전부입니다.

서로를 위해 계속 기도하십시다.

Yours
Jack

더 킬른스

헤딩턴 쿼리

옥스퍼드, 영국

4/1/57

친애하는 메리에게

28일자 편지와 동봉해 주신 것들 감사합니다. 자신의 현재 불행 때문에 다른 이들의 고통에 둔감해지면 안 되겠지요! 부인도 몹시 힘든 시간을 보내고 계시네요. 아, 하지만 영원히 계속되지는 않을 것입니다. 언젠가 "다 마쳤다" 할 날이 올 겁니다. 하나님이 우리 모두에게 힘 주시길 바랍니다.

Yours sincerely

Jack

모들린 칼리지,
케임브리지

17/1/57

친애하는 메리에게

오른팔에 류머티즘이 생기는 바람에 글을 제대로 쓰지 못한답니다. 암으로 고통 중에 있는 한 숙녀와 결혼식을 가졌습니다. 이번 위기는 그녀가 이겨 내리라 믿지만, 그 후에는 그야말로 '다모클레스의 칼'[51] 아래 있는 것이지요. 완치될 가능성은 (**전혀 없는** 것은 아니겠지만) 거의 없답니다. 두 남자 아이를 의붓아들로 얻게 되었답니다. 제 형님과 저는 요즘 크리스마스 방학 중인 그 아이들과 씨름하는 중인데, 좋은 아이들이지만 두 명의 나이든 총각들이 감당하기에는 호된 일이지요! 지금 몹시 피곤하네요.

Yours very sincerely

Jack Lewis

---

[51] 다모클레스는 BC 4세기경 활동한 시칠리아 시라쿠사의 참주(僭主)인 대(大)디오니시오스(BC 405-367 재위)의 신하로서, 전설에 따르면 다모클레스가 디오니시오스의 행복을 터무니없이 과장하여 떠들어 대자 디오니시오스는 화려한 잔치에 그를 초대해 천장에 실 한 올로 매달아 놓은 칼 밑에 앉히고 권력자의 운명이 그만큼 위험하다는 것을 보여 주었다고 한다. ⓘ

더 킬른스
헤딩턴 쿼리
옥스퍼드, 잉글랜드

17/2/57

친애하는 메리에게

제 결혼에 특별히 비밀이라고 할 만한 것은 없답니다. 한 숙녀분과 오래 전부터 알고 지냈지요. 우정이 언제 사랑으로 변했는지는 정확히 짚어 낼 수 없고요. 그녀가 아프다는—고통과 죽음과 자녀들의 미래에 대한 염려에 직면해 있다는—사실이 제가 그녀와 결혼하게 된 **추가적** 이유, 혹은 결혼 날짜를 앞당긴 이유가 될 수도 있었겠다는 것은 충분히 이해하시리라 봅니다. 제 편지가 아주 짧은 것은 말을 아껴서가 아니라, 그저 피곤하고 바빠서랍니다. 형님도 몸져누워서 많이 걱정되고, 형님이 해 주던 비서일도 도움 받지 못하고 있답니다. 그래서 지금 견뎌야 할 일뿐 아니라 **해야 할** 일도 산적해 있답니다. 저는 타자를 칠 줄 모릅니다. 부인께서는, 제가 류머티즘 걸린 손목을 달래 가며 종이 위로 펜을 움직이는 데에 1년에 얼마나 많은 시간을 보내고 있는지 상상하지 못하실 겁니다.

임박한 순간에 집세 낼 돈이 생기시다니, 얼마나 크신 자비인가요! 참새를 먹이시는 그분께서 부인을 돌보고 계십니다. 제 문제에 사로잡혀 부인이 겪고 계신 어려움들에 제가 신경쓰지 못할 거라고 생각하지 마세요. 저는 매일 부인을 위해 기도하고 있답니다. 아, 이제 수년만 지나면 우리는 여기서 벗어나게 되겠지요. 은총을 빕니다.

Yours

Jack Lewis

모들린 칼리지,

케임브리지

14/3/57

친애하는 메리에게

오늘은 도저히 글을 쓸 수가 없네요. 다만 3월 8일자 보내 주신 부인의 따뜻한 편지에 감사드린다는 말씀 간략히 적어 보냅니다. 그 일자리(들) 소식, 대단히 기쁘네요. 여기는 다들 별일 없이 잘 지내고 있습니다.

Yours

Jack

더 킬른스, 킬른 레인,

헤딩턴 쿼리,

옥스퍼드.

13th April 1957.

친애하는 메리에게

아내는 지금 집에 와 침대에 계속 누워 있고, 죽음을 앞두고 있습니다. 간호사 두 분이 와 있고요. 이제 정말 제게서 간단한 쪽지 이상의 것을 기대하기는 어려울 겁니다. 요즘은 간호병 같은 생활을 하고 있고, 기도할 시간도 밥 먹을 시간도 거의 없답니다. 부활절 시, 감사드립니다. 새로운 일자리 얻으신 것은 축하드립니다.

Yours

Jack

더 킬른스,

헤딩턴 콰리,

옥스퍼드

June 18th, 1957

친애하는 메리에게

같은 상황이 계속되고 있습니다. 조이는 (감사하게도, 혹은 가슴 아프게도) 겉보기에는 호전된 것 같은데, 의사만 아니라면 다들 그녀의 병이 낫고 있다고 확신하게 될 정도입니다.[52] 형님도 병석에서 일어나 저를 많이 도와주고 있습니다. 저는 등에 문제가 좀 있었고 지금도 여전히 있긴 합니다. (아마 전에 말씀드린 적이 있지요?) 전에는 근육 경련 때문에 몇 번 비명을 질렀던 적도 있지만, 지금은 조금 쑤시는 정도입니다. 여기는 혹서기 heat wave 입니다. 부인을 아는 누구로부터 얼마 전 들은 이야기인데—제가 곧 죽을 거란 소문이 돈다면서요! 부인께선 잘 지내고 계시리라 믿습니다.

Yours

Jack Lewis

---

[52] 루이스의 에세이 "The Efficacy of Prayer(기도의 효과)"의 세 번째 문단과, 루이스의 1959년 1월 26일자 편지를 보라.

더 킬른스 etc.

July 3/57

친애하는 메리에게

편지 감사합니다. 아주 짧게 적어야 할 것 같네요. 또 그 문제가 찾아왔다니 안타깝습니다. 네, 아내는 조이 데이빗먼Joy Davidman이랍니다. 그녀가 쓴 *Smoke on the Mountains*산 위의 연기를 읽어 보셨기를 바랍니다. 제가 죽을 거라는 소문이 돈다고 해서 문제될 것이 무엇이겠습니까? 죽는 것은 전혀 불명예스러운 일이 아니지요. 제가 보니까, 너무도 훌륭하신 분들도 다 죽던데요! 조이는 현재 고통이 사라졌고 (보기에) 놀랍도록 건강하고 활기차답니다. 평안을 빕니다.

Yours

Jack

더 킬른스,
헤딩턴 쾌리,
옥스퍼드

Aug 12th 1957

친애하는 메리에게

8월 8일자 보내 주신 친절한 편지 감사드립니다. 당연히 조이에게 보여 주었고, 그녀도 기뻐했습니다. 자기의 사랑을 부인께 전해 달라고 하네요. 우리 두 사람의 자필 서명을 보내 드립니다.

그녀는 (보기에) 계속 좋아지고 있답니다. 사실 (아이러니하게도!) 지금 그녀의 얼굴은 부인이 보신 [그녀가 건강했을 때의] 그 사진보다 훨씬 더 건강해 보인답니다. 찡그림이나 긴장이 훨씬 덜하고, 훨씬 생기가 도는 얼굴이지요. (물론 사랑하는 여자의 사진을 두고 잘 나왔다 말할 남자는 아무도 없겠습니다만!)

제 골다공증은 그리 많이 호전되는 것 같지 않습니다만, 그래도 처음 발병했을 때만큼 심한 상태로 돌아간 적은 그 후로 없었습니다. 저는 교정용 벨트를 차고 다닌답니다. 할머니들이 입던 코르셋하고 대단히 비슷하지요. 그걸 하면 놀라울 정도로 제가 젊어 보인답니다. 제 의붓아들 두 녀석은 이제 여름방학이라 여기 집에 와 있습니다. 잘 지내고 있으며 늘 즐거워 보입니다.

이곳의 더위도 힘겨운데, **부인 계신 곳**의 더위는 분명 무시무시할 것 같네요. 그 점에 대해, 또 부인이 겪고 계신 다른 고생들에 대해 동정의 마음을 표합니다.

Yours

Jack

더 킬른스
헤딩턴 쿼리,
옥스퍼드

Oct 20th 1957

친애하는 메리에게

부인의 15일자 편지를 접하고 충격과 슬픔을 금할 수 없네요. 그래도 부인의 말씀을 들어 보건대, 하나님께서 이 끔찍한 고난을 헤쳐 나갈 새로운 영적인 힘을 이미 주고 계신 것 같습니다. 조이가 최악의 상황이었을 때 저희 두 사람에게 해 주셨던 것처럼 말입니다. 그래도 고통은 고통이지요. 제가 조금이라도 부인의 고통을 경감시켜드릴 수 있으면 좋겠습니다만, 그럴 수 없어 안타깝습니다. 부인께서도 분명 아시겠지만, (고통이나 재정적 어려움 등에 직면했을 때) 한 가지 비결은 삶을 하루하루 시간시간 살아내는 것이지요. 과거나 미래를 현재에 끌어들이지 않고서 말입니다. 마치 최전선의 군인들처럼 "현재 폭격도 그친 상태이고, 비도 내리지 않고, 식량도 도착했으니, 마음껏 즐기자" 이런 자세 말이죠. 사실 우리 주님도 말씀하셨지요. "한 날의 괴로움은 그 날에 겪는 것으로 족하다"라고요. 부인을 위해 정말로 많이 기도하고 있다는 말씀드립니다. 제가 전할 소식은 지금까지는 만사가 좋다는, 대단히 좋다는 것이 전부입니다. 물론 여전히 다모클레스의 칼 아래 살고 있지만 말입니다. 하나님께서 저의 친구인 부인을 은총 가운데 지켜 주시기를 바라 마지 않습니다. 인생은 정말이지 악몽 같은 데가 있지요. 언젠가 우리는 여기서 깨어날 것입니다.

Yours

Jack

모들린 칼리지,
케임브리지에서

Nov 3d 1957

친애하는 메리에게

오, 저런! 치통까지 부인을 괴롭히고 있다니요. 재정적 고통이 그래도 [치통의 고통 중에] 견딜 만할 겁니다. 우리 선조들의 말처럼, 지금까지 "하나님이 대 주신 비용으로 살았으니" 앞으로도 분명 그리 해 주실 테니까요. 부인이 '괴상해'질 위험이 있다고도 전혀 생각지 않습니다. 사실 따지자면 우리가 다 괴상하지요. 우리는 독감에 걸려 며칠 침대에 누워 있었는데, 그 바람에 (참 괴이한 불평이지요?) 제 뼈가 해를 입은 것 같습니다. 3주 전보다 좋지 않은 상태지만, 그래도 6주 전만큼 나쁘지는 않습니다. 조이는 계속 나아지고 있습니다. 축복과 동정의 마음을 전합니다.

Yours
Jack

모들린 칼리지,
케임브리지에서

Nov. 30th 1957

친애하는 메리에게

11월 22일자 편지 감사합니다. 네, 이사할 때는 좀 횅댕그렁한 마음이 되기도 하지요. 세월의 찬바람이 가까이서 불어오는 것 같고, 그렇지 않나요? 집 안 물건들을 짐으로 싸 놓으면 왠지 누추해 보이기도 하고요. 하지만 대개 시간이 지나면 기분이 나아지는데, 부인도 그렇기를 바랍니다. 새집은 참 사람을 귀찮게 하지요. 요구되는 그 새로운 방식들이 우리 몸에 배기 전까진 말이죠. 그 후에는 뭔가 다시 젊어지는 듯한 기분이 들 수도 있습니다. 부인의 심장에 대한 말씀이 없으신데, 지금은 훨씬 더 나아졌기 때문이기를 바랍니다.

조이는 놀라울 정도로 잘 지냅니다. 지금 저희는 더없이 행복한 시간을 보내고 있답니다. 제 뼈에 있는 병(골다공증)도 사라지지는 않겠지만, 지금은 많이 고통스럽지 않습니다. 이제 산책다운 산책은 못하게 되겠지요. 들길과 작은 숲들과 외딴 마을의 멋진 여인숙들이여, 이제 안녕! 그런데 참 감사하게도 힘이 떠나자 욕망도 함께 떠나가니 참 좋습니다.

평안을 빕니다.

Yours

Jack

모들린 칼리지,
케임브리지.

Jun 14/1/58

친애하는 메리에게

학기 첫날인 오늘 아침, 학교에 가려고 집을 나서기 전에 부인의 편지가 도착했답니다. 저는 (임차한) 차를 몰고 왔고, 조이도 드라이브를 위해 같이 왔다가 점심 후에 집으로 돌아갔답니다. 대수롭지 않은 일 같지만, 한 달 전만 해도 상상조차 할 수 없는 일이었지요. 고양이 때문에 골치를 앓고 계시다니 안되었습니다. 그간 저희는 뭐랄까 '동물적인' 일로 바빴는데, 저희 집 늙은 암캐가 (우리는 설마 그러리라 생각지 못했는데) 글쎄, 크리스마스 깜짝 선물로 열 마리나 되는 강아지를 우리에게 안겨 주었답니다. 요즘 저희는 이웃들의 "아, 감사합니다. 물론 저희도 강아지 좋아하지요. 하지만..." 이런 소리를 지겹도록 듣고 있는 중이랍니다.

꼭 필요한 약품들을 사는 데 들어가는 돈을 줄이는 것은 정말 최악의 절약이지요. 그런 유혹을 받으시는 부인을 충분히 이해하지만 말입니다. 미국에는 우리나라와 같은 국가의료보장제도가 없다는 것이 참 유감스럽네요. 제가 부인을 도울 수 있다면 좋으련만, 계속 기도하는 수밖에 없겠네요. 그건 그렇고, 제 뼈는 지금은 말썽을 피우지 않으니 너무 걱정하실 필요는 없답니다. 범사에 놀랍도록 하나님께서 저희를 선대하고 계시답니다.

제 끔찍한 악필과 짧은 편지를 용서해 주세요. 둘 다 같은 이유에서죠. 이 편지만 해도 오늘 여덟 번째 (손으로) 쓰는 편지이고, 아직 끝이 아니랍니다! 하나님께서 부인에게 은총을 베푸시기를, 그리고 모든 위험에서 지켜 주시길 바랍니다.

Yours sincerely
C. S. Lewis

모들린 칼리지
케임브리지에서

22/2/58

친애하는 메리에게

조이(부인의 따뜻한 편지에 감사한다고 말씀을 전해 달라고 하네요)가 그러는데, 오늘이 조지 워싱턴의 생일이라고 하네요. "당신께 영광이 되겠군요!" 험프티 덤프티의[53] 말을 따라해 봤습니다. 하나님께서 참으로 저희를 선대하고 계시고, 저희는 지금 행복한 시간을 보내고 있답니다. 저희는 그 강아지들 중 하나를 키우기로 했고, 이름을 (*Bleak House*황폐한 집에[54] 나오는) '구피Guppy'라고 붙여 주었는데, 원기 왕성한 강아지랍니다. 제가 관찰해 보니, 전에도 비슷한 상황에서 보았는데, 같은 **나이**라는 것이 같은 종이라는 것보다 서로를 더 끈끈하게 묶어 주는 것 같더라고요. 보니까, 구피는 새끼 고양이와 사이 좋게 잘 지내고, 구피의 어미는 그 나이든 고양이―'징거'라는 이름의 몸집 큰 숫고양이―와 사이 좋게 지내고 있네요. 제 작품 속 천사들이 그 '창고 예술가들Repository Artists'의 천사들보다 더 정확하다고 하신 말씀에 기쁩니다만, 도대체 '창고 예술가들'이 무엇인가요? 저는 처음 들어 봅니다.

그 치과에서 그렇게 고생하셨다니 안되었네요. 하지만 결과적으로 상태가 나아졌기를 바랍니다. 부인께서 말씀하신 '밸런타인데이 선물' 이야기에 아주 오래 전까지 기억이 거슬러 올라가게 되네요. 저는 아주 꼬마였을 때 이후로는 그런 선물을 한 번도 본 적이 없답니다. 우리나라에서는 거의 사라진 풍습이 되었거든요. 네, 우리는 하나님을 '섬기는' 일에 조바심을 내지 말아야 합니다.

---

[53] 루이스 캐롤의 동화 《거울 나라의 엘리스*Through the Looking Glass*》에 나오는 달걀로서, 제멋대로 단어 의미를 정해서 말함. ⓘ
[54] 찰스 디킨슨의 소설. ⓘ

하나님께서 우리에게 허락하시지 않는 일을 하려는 것일 수도 있기 때문이지요. 저는 이렇게 생각해 볼 때가 많습니다. 그분이 정말로 우리에게 요구하시는 섬김은 (겉보기에는) 전혀 그분의 도구로 사용되는 것처럼 보이지 **않는** 일, 사용되더라도 우리가 생각하는 방식이나 우리가 알아볼 수 있는 방식은 아니라고 말입니다. 저는 최근 〈크리스천 헤럴드〉라는 미국 잡지에 글을 하나 썼답니다.[55]

우리 두 사람, 사랑을 담아 부인의 평안을 빕니다.

                                      Yours

                                      Jack

---

[55] "Shall We Lose God in Outer Space?(우주 시대에는 신앙을 버려야 하는가?)"

더 킬른스,

헤딩턴 쾌리,

옥스퍼드.

31/3/58

친애하는 메리에게

26일자 편지 감사합니다. 귀앓이를 앓으신다니 안되었네요. 치통보다도 훨씬 더 끔찍하지요. 우리는 누구나 다 기도생활 중에 메마른 시기를 만나지 않나요? 그런데 저는 (부인의 영적 지도자에게 한번 물어 보세요) 그것을 꼭 나쁜 증상으로 볼 수만은 없다고 봅니다. 때로 우리가 **느끼기에** 최고의 기도였던 것이 어쩌면 우리가 드린 최악의 기도였을 수도 있다는 생각을 해봅니다. 다시 말해, 어쩌면 그저 춤 공연을 잘 해냈거나 시를 잘 암송했을 때 느끼는 그런 성취감에 도취된 것일 수 있으니까요. 종종 우리의 기도는, 하나님이 뭔가를 말씀하고 싶어 하시는데 자꾸 우리 말만 하고 싶어 해서 빗나가게 되는 경우도 있지 않을까요? 조이가 들려준 말인데, 여러 해 전 어느 아침, 하나님이 그녀에게 뭔가 원하시는 것이 있다는 강한 느낌에 사로잡힌 적이 있었답니다. 뭔가 해야 할 일을 하지 않고 있을 때 드는 그런 중압감 같은 것이었답니다. 대체 무엇일까 하고 그녀는 오전의 절반이 지나기까지 이 생각 저 생각을 해보았답니다. 그런데 고민하기를 멈추자 바로 그 순간, 마치 귀로 들리는 음성처럼 분명한 응답이 들려왔다고 하는데, 그것은 "나는 네가 무언가를 **하기** 원하는 게 아니다. 나는 네게 무언가를 **주고** 싶다"는 것이었습니다. 순간 그녀의 마음은 평화와 기쁨으로 충만해졌다고 합니다. 성 아우구스티누스는 "하나님은 빈손을 보실 때 주신다"고 했다지요. 내 손이 허섭스레기로 가득해 있으면 선물을 받을 수 없습니다. 그런데 그 허섭스레기란 꼭 죄나 세상 염려들이 아니라, **내** 방식대로 하나님을 섬기려 벌이는 야단법석들일 때도 많습니다. 한 말씀 더 덧붙이자면, 제 경우는 큰 것이 아니라 사소한 것들이 기도를 가장 자주 방해한답니다. 다음 시간에 뭘 해야 하나, 뭘 피해야 하나 하는 생각들 말입니다.

여기는 다들 잘 지내고 있습니다. 다만, 더디 오는 봄을 기다리다가 좀 지쳤다고나 할까요. 저는 이렇게 춥고, 습하고, 어두운 3월은 처음이랍니다. 지금은 이른 오전 시간이고, 조이는 아직 자고 있습니다. 깨어 있었다면 그녀는 분명 부인께 사랑을 전해 달라고 했을 겁니다.

Yours

Jack

더 킬른스,
헤딩턴 쾌리,
옥스퍼드

15/4/58

친애하는 메리에게

정말 좋은 소식이네요! 진심으로 하나님께 감사드립니다. 우리 마음은 얼마나 우리를 교묘하게 속이는지요! 믿지 **말아야** 할 것을 믿는 것도 교만이라는 것을 알아야 합니다. 이미 지난 죄, 오래 전에 회개했던 죄 문제에 대해 말씀드리면 이렇습니다. 저는 기독교인이 되고 나서 여러 해가 지난 다음에야 **정말로** 죄의 용서를 믿게 되었답니다. 아니, 더 정확히 말하자면 그때 비로소 이론적 믿음에 불과했던 믿음이 제게 실재가 된 것이지요. 모르긴 몰라도 이는 그리 드문 일이 아닐 것입니다.

조이가 사랑을 전해 달라고 하네요. 우리는 지난 주 교외로 나가 멋진 호텔에서 묵었답니다. 그간 못했던 신혼여행을 가진 것이지요! 우리 마음이 얼마나 엉터리 같은지를 보여 주는 예가 여기 또 있네요. 그간 독신으로 너무 오래 지내다 보니, 제가 도덕적으로 문란한 사람이 된 듯한 느낌이 자꾸 들었답니다. ("여자와 호텔에 머물다니!" 신문에 오르내리는 사람들처럼!) 이만 줄여야겠네요. 오늘 케임브리지로 다시 돌아가야 하고, 또 몇 분 내로 지역 교회 목사님이 조이에게 부활절 성찬 떡과 잔을 주려고 오시는 중이거든요. (조이는 아직 교회에 나가지는 못하고 있답니다.)

더 큰 은총을 빕니다.

Yours

Jack

추신. 그나저나 부인은 저와 서신을 교환하는 수많은 여성 중 **소수**에 속하십니다. 그분들은 대부분 제가 결혼했다는 말을 듣자 점점 연락이 뜸해지더군요!

June 6th [1958]

친애하는 메리에게

잭 대신 제가 편지를 쓰게 되었는데, 괜찮으시겠지요? 잭은 지금 케임브리지 트라이포스tripos 일을 보고 있는데, 그 시험 답안지들—엉뚱한 말로 가득한 것 같더라고요!—에 푹 잠겨 있는 상태랍니다. 가끔 공기를 마시러 위로 올라왔다가, 몇 마디 애처로운 소리를 내고서는 다시 잠수한답니다. 앞으로 2주 동안은 아예 집에 들어오지도 못한다고 하네요. 결혼한 이래 가장 긴 별거생활이라, 우리 두 사람은 지금 다 기분이 별로랍니다!

병원에서 그런 일을 겪으셨다니 **정말** 싫으셨겠어요. 아무리 좋은 병원이라 해도 병원이 어떤 곳인지 저는 너무 잘 알지요. 어쩌면 간호사들은 그렇게 필요할 때는 다들 사라져버릴까요. 사방의 모니터와 라디오 소리 때문에 밤에 섬뜩섬뜩 놀라기 일쑤고요. 한 달만에 처음 곤하게 잠든 우리를 밤중에 숙직 간호사가 깨워서는 수면제 먹을 시간이라고 하기도 하지요.... 모르긴 몰라도, 아마 부인께서도 의대 수업 실습 대상도 되어 보셨을 겁니다! 여기 옥스퍼드에서는 가련한 환자들의 병실에서 의대생들이 시험을 치르기도 한답니다. 시험관들과 학생들이 각모를 쓰고 가운을 입고 나타나면, 환자들은 겁을 집어먹고 반쯤 돌아가실 지경이 되지요. 그런데 경험 많은 환자들은 정확한 진단을 못 내려 쩔쩔매는 학생들에게 살짝 답도 가르쳐 주고 그런다네요....

지금쯤이면 부인께서 집으로 돌아오시고, 검사결과도 그리 나쁘지 않고, 또 그들이 올바른 답을 찾았기를 바랍니다. 뭔가 쓸모 있는 사람이 되고 싶으나 그렇지 못할 때의 심정, 저 역시 공감합니다. 아마 우리 여성들이 남자들보다 그런 기분을 더 많이 느낄 겁니다. 제가 사는 이 집은 해야 할 일이 산더미처럼 많답니다. 전에는 힘을 내 가정부 일을 돕기도 했습니다만, 지금은 지팡이

짚고 걷는 처지에다가 손도 한 쪽만 쓸 수 있는 상태라, 도움이 되기보다는 방해만 될 뿐이지요. 그저 옆에서 잔소리나 해 대는 해충이 될 수밖에요. 늘 받기만 해야 하는 건 정말이지 어려운 일이지요! 하지만 우리가 받으려 하지 않는다면 어떻게 다른 이들이 줌으로써 얻는 즐거움과 영적 성장을 누릴 수 있겠습니까? 게다가 부인에 대해서는 모르지만, 저는 참 교만한 사람이랍니다. 사람들을 도울 때 생기는 우월감을 즐기는 사람인지라, 제게는 받는 것이 주는 것보다 훨씬 더 어렵고, 또 아마 그래서 훨씬 복된 일이 되는 것 같습니다.

저는 이렇게 아프고 무력해지고 나서야, 사람들은 다들 근본적으로 선량하다는 것을 깨닫게 되었답니다. 얼마나 많은 사람들이 저를 위해 수고를 아끼지 않고, 저를 도와주고 즐겁게 해 주려고 애쓰고 있는지요! 정말 마음 따뜻해지는 일이면서, 또 마음이 낮아지는 경험이기도 하답니다. 왜냐하면 그간 인간성에 대해 얼마나 냉소적이었던가를 떠올리며 유익한 부끄러움을 느끼기 때문이지요.

부인의 애완동물은 고양이인가요, 강아지인가요? 제가 보니까, 고양이는 이런 변화와 이별을 꽤 잘 견디는 것 같더라고요. 제 고양이 하나는, 제가 아팠을 때 새로운 집과 새 여주인에게 보냈더니, 글쎄 일주일 만에 그들을 완전히 자기 지휘 아래 두더라고요. 부인께서는 혹 뭔가 손으로 하실 줄 아는 것이 있나요? 저는 코바늘로 무릎 덮개나 식탁보를 뜨거나, 뜨개질로 양말을 만들거나 하면 마음이 울적하고 영적으로 힘들 때 놀라울 정도로 도움이 되더라고요. 뜨개바늘로 그렇게 많은 절망감을 무찌를 수 있는지 미처 몰랐답니다! 제 경험상 그저 쓸모 있는 것들만 만들 것이 아니라 예쁜 것들을 만드는 편이 더 낫더라고요.

물론입니다. 우리 두 사람 다 부인을 위해 기도하고 있답니다. 설령 수술이 필요하다는 검사 결과가 나왔더라도 너무 두려워하지 마세요. 제가 겪어보니까, 수술 자체는 그 전까지의 두려움만큼 그리 나쁘진 않더라고요.
은총을 빕니다.

                                                    Yours,

                                                    Joy Lewis

더 킬른스,

헤딩턴 쿼리,

옥스퍼드

July 21st 1958

친애하는 메리에게

(1) 성 요한이 했던 말을 기억하세요. "우리 **마음**이 우리를 정죄하더라도, 하나님은 우리 마음보다 크십니다."[56] 용서나 사랑을 받았다, 받지 못했다는 **느낌**은 중요하지 않습니다. 구체적으로 따져 보는 것이 중요합니다. 만약 부인께 양심에 걸리는 구체적인 죄가 있다면, 회개하고 고백하세요. 그렇지 않다면 그저 낙담시키는 마귀에게 어리석게 굴지 말라고 하면 그만입니다. 그 마귀의 목소리가 (우리 내면의 듣기 싫은 라디오 소리 같은 것이지요) **들려오는** 것 자체를 막을 수는 없겠지만, 부인은 그것을 그저 귓속 잡음이나 성가신 소음 정도로 취급해야 합니다. (2) 《그리스도를 본받아》에 나오는 다음 이야기를 기억하세요. 자신의 구원 문제에 대해 불안해하고 초조해하던 수사에게 십자가 상의 그리스도께서 갑자기 입을 열어 이렇게 말씀하셨다지요. "지금 만사가 잘 될 거라는 확신이 생긴다면, 네가 당장 하고 싶어할 일은 무엇인가? 혹은 당장 그만둘 일은 무엇인가?" 부인도 이 질문에 대해 생각해 보고, 생각나는 일을 당장 하거나 그만두거나 하세요. 이렇게 우리는 늘 실제적이고 명확한 것을 붙들어야 합니다. 막연한 죄책감이나 막연한 덕은 둘 다 악마가 좋아하는 것인데, 그것으로 악마는 우리를 절망이나 교만 속으로 끌어들이지요. "글쎄, 우리 한번 구체적으로 따져볼까?"가 바람직한 대응법입니다. (3) 버림받았다는 느낌이 나쁜 증상일 수 없는 것은 우리 주님께서

---

[56] 요일 3:20.

도 친히 깊이 경험하셨던 것이기 때문이지요. "어찌하여 나를 버리셨나이까?"

물론 저희는 부인을 위해 계속 기도할 것입니다.

케임브리지에서 트라이포스tripos란 시험을 일컫는 말이랍니다. 필기시험이 아니라 구술논쟁으로 시험을 치르던 시절 학생이 앉아 시험을 보던 의자가 tripos(tripod삼각대라는 단어를 떠올려 보세요), 즉 다리가 셋 달린 걸상이었던 것에서 유래된 것이지요.

조이와 저는 아일랜드에서 두 주간의 멋진 휴가를 보내고 방금 돌아왔답니다. 그녀도, 형님도 다 잘 지냅니다. 사랑과 축복의 마음을 전합니다.

Yours

Jack

더 킬른스

헤딩턴 쿼리,

옥스퍼드

Sept. 30 1958

친애하는 메리에게

26일자 편지 감사합니다. 〈타임〉의 서평은 시기가 적절치 않네요. 그 책의[57] 미국판은 11월에야 출판될 예정이니 말입니다. 하코트 브레이스Harcourt Brace 출판사에, 책이 나오면 부인께 한 부를 보내 달라고 말해 두었습니다. 저도 치과 치료를 받아 본 적이 있습니다만, 부인 경우처럼 그렇게 불쾌한 경험은 아니었답니다. 발치 후 '치조골염dry socket'이 얼마나 아픈지 잘 알지요. 부인이나 저나, 사람은 나이 들어 가면 낡은 차처럼 된다는 걸 인정해야 할 것 같습니다. 수리하고 갈아 껴야 할 것들이 점점 더 많이 생기지요. 하나님의 차고에서 지금 우리를 기다리고 있을 그 멋진 (부활표 최신형) 새 차를 고대하며 살아야 하겠지요! 동봉해 주신 것 감사드립니다. 제가 보기에는 그것은 제가 했던 어떤 말과도 배치되는 것 같지 않습니다. 감사하게도 조이는 계속 호전되고 있답니다. 깨어 있다면 자기 사랑을 전해 달라고 말했을 텐데, 아직은 잠들어 있는 시간이랍니다. 저는 야만스러울 정도로 아침에 일찍 일어난답니다. 보통 집안 식구들이 다 일어나기도 전에 아침도 먹고 써야 할 편지들도 다 쓰지요. 그래서 하루 중 유일하게 날씨가 좋은 시간을 즐기는 특권을 종종 누리곤 한답니다. 연중 이맘때쯤이면 아침 7시부터 10시까지는 화사하고 평화롭고 시원한 햇살이 비치다가도, 비가 내리기 시작해서 하루 종일 내리기 일쑤지요. 저는 눈 비비고 일어나 맞는 한적하고 고요한, 이슬 머금

---

[57] 《시편 사색》을 가리키는 것이 분명해 보인다.

은 이른 아침 시간을 사랑한답니다. 부인의 입안이 지금쯤이면 다시 편안해졌기를 바랍니다.

Yours

Jack

어느 옛 스코틀랜드 버전에는 시편 136편(지금은 137편) 8절이 이렇게 되어 있답니다.

> 복 받을 자로다!
> 말 타고서 달려와
> 너의 어린 젖먹이를 잡아채어,
> 바위에다가 메어치는 기병[58]

---

[58] O blessed my that trooper be
Who, riding on his naggie,
Wull talk thy wee barins by the taes
And ding them on the craggie

모들린 칼리지,

케임브리지.

Oct. 30, 1958

친애하는 메리에게

부인 딸과 가족에 대한 소식, 참 좋네요. 이번에도 재정적 위기에 처한 부인께 결정적 순간에 자비가 임했네요. 저는 하루하루 사는 ('내일 일을 염려하지 않는') 것이야말로 우리가 익혀야 하는 삶이라고 생각합니다. 비록 제 안의 옛 아담은 때때로 하나님께 투덜대기도—들의 백합화처럼 살기를 원하셨다면 나도 그 꽃들처럼 신경도 없고 상상력도 없는 존재로 만드셨어야 하지 않는가!—하지만요. 하지만 어쩌면 바로 여기에 요점이 있는 것은 아닐까요? 다시 말해, 인간이라는 신적 역설과 대담함의 목적이 바로 여기에—정신을 갖지 못한 다른 유기체들이 하는 일을 정신을 **가지고서** 해내는 것에—있는 것이 아닐까 말이지요. 주름은—쳇! 대체 주름이 왜 나쁘단 말입니까? [인생이라는] 전쟁에서 오래 복무한 이들에게 주어지는 명예로운 훈장인데요. 여기는 다들 잘 지내고 있답니다. 서둘러 몇 자 적으며, 사랑을 전합니다.

Yours

Jack

더 킬른스
헤딩턴 쿼리,
옥스퍼드

Dec 25th 1958

친애하는 메리에게

답장이 너무 늦어져 면목이 없네요. 부인을 잊어서가 아니라, 책[59]을 한 권 탈고하느라(제게는 흥미롭지만, [일반인들에게는] 지루하고, 학술적이고, 전문적인 책이랍니다.) 또 매일같이 쏟아지는 그 우편들—어휴!—때문에 너무 바빴기 때문이랍니다. 보내 주신 좋은 비평의 글 감사합니다. 그리고 이제 제가 부인께 적게나마 보내 드릴 수 있게끔 우리나라 법이 바뀌어 기쁩니다. (부인과 바필드가[60] 필요한 절차를 밟고 있으리라 믿습니다.) 여기는 다들—조이도 놀라울 정도로—잘 지내고 있습니다만, 요즘 해 구경을 못하고 있답니다. 이렇게 안개 끼는 기간이 길었던 적은 또 없었던 것 같습니다. 사람에겐 빛이 필요하지만, 사실 **그림자**도 그 못지않게 필요하지요. 그림자 역시 이 세상에 많은 아름다움을 만들어 내니까요. 저희 두 사람 다, 따뜻한 사랑과 크리스마스 인사를 전합니다.

Yours
Jack

---

[59] 아마도 *Studies in Words*.
[60] Owen Barfield. 루이스의 사무변호사이자 평생 친구.

더 킬른스,

헤딩턴 쿼리,

옥스퍼드

Dec 29/58

친애하는 메리에게

서둘러 몇 자 적습니다. (1) ○○○신부님[61]이 너무 그리우시다니 위로의 말씀을 드립니다. (2) 우리의 성탄Nativity 축일과 이 끔찍한 'X마스' 야단법석을 가장 극명하게 비교해 주는 이야기를 하나 들려 드리겠습니다. 얼마 전 형님이 버스에서 겪은 일인데요, 버스가 구유에 누우신 아기 예수 상이 장식된 어느 교회 앞을 지나자 어떤 여자분이 이렇게 말했다고 하네요, "아, 정말 못 말려! 저 사람들은 종교를 끌어다 대지 않는 것이 없다니까. 봐, 이제는 크리스마스에도 종교를 끌어들이고 있잖아!" 저희 두 사람, 부인께 사랑과 동정의 마음을 전합니다.

Yours

Jack

---

[61] 그는 팔레스타인으로 1년간 여행을 떠났다.

모들린에서

Jan 26th 59

친애하는 메리에게

26일자 편지 감사합니다. 들려주신 율리시스 그랜트[62] 이야기는 참 흥미롭네요. 작년에 부인 나라 군대가 여기 왔을 때 백인 부대보다 유색인종 부대가 더 인기가 높았다는 사실을 아시나요? 쿠바에서 온 편지에 그 혁명에 대한 언급이 없다니 언뜻 보면 분명 이상하네요. 어쩌면 조심하느라 그런 것이 아닐 수도 있겠다는 생각도 듭니다. 종종 과거의 기록들(가령, 17세기 우리나라 시민 전쟁 기간에 쓰인 편지들)을 읽다가, 역사가들이 대단히 중요시하는 것을 당시 평범한 사람들은 그다지 중요하게 여기지 않았다는 사실을 발견하고는 많이 놀랄 때가 있습니다. 소위 '역사'라는 것은 실제로는 현실 삶의 대부분을 배제하지 않나요? 기도에 대한 제 글에서 언급된 그 치료는 물론 조이의 경우를 말한 것입니다. 그 "좋은 사람"이란 제 오래 전 한 제자를 가리키고요. 그의 회심은 제가 본 가장 완전하고 아름다운 사례 중 하나였습니다. 한 저명한 신학자에게 제가 "N.이라는 사람"에게 공격을 받았다는 이야기를 전하자, 이렇게 대답하더군요. "아, 누구라고! 늙다리 P. N.! 그 양반 **이번 주**에는 또 무얼 믿는다지?" 아마 그는 자기 견해를 걸핏하면 바꾸는 사람인 것 같습니다. 어쩌면 언젠가는 기독교도 한번 믿어 볼지 모르는 일이지요. 기도 시간에 그를 위해 기도드렸답니다. 치아에 그런 문제가 생기다니 안되었네요. 참 끔찍한 일이지요. 여기는 현재 아름다운 겨울이랍니다. 밝고 창백한 햇살(부인은 아마 이처럼 창백한 햇살을 못 보셨을 겁니다. 조이는 '북극 빛'이라고 부르더군요), 잔잔한 하늘, 그리고 만물을 설

---
[62] Grant Ulysses Smith: 1822-1885. 미국 남북 전쟁 당시 북군 총사령관이자 18대 미국 대통령. ⓘ

탕처럼 빤짝이게 하는 흰 서리. 여기는 다들 잘 지내고 있습니다. 평안을 빕니다.

Yours

Jack

모들린 칼리지,
케임브리지

6/5/59

친애하는 메리에게

부인을 염려케 했다니 미안합니다. 사실 저희는 부인께 편지를 써야 한다고 생각지 못했답니다. 그러나 앞으로는 제가 혹 똑같은 실수를 범하더라도 제게 무슨 일이 생겼다고는 생각하지 마시기 바랍니다. 말씀드렸듯이, 저는 타자를 칠 줄 모른답니다. 그리고 남자들이 보통 그렇듯, 저도 천성적으로는 편지 쓰는 걸 즐기지 않고요. 하루 일과인 편지 쓰기는 제게 힘든 노동이지요.

여기는 다 잘 지내고 있답니다. 사실 조이와 저는 **땅 파는** 일도 하고 있답니다. 우리 둘 다, 다시 할 수 있으리라고 꿈도 꾸지 못했던 일이지요.

우리도 샴 고양이Siamese cat가 한 마리 있답니다. 저는 크고, 회색 털에, 탄알머리 모양을 한 본토 고양이를 내심 더 좋아합니다만, 샴 고양이가 섬세하고 매혹적인 동물인 것은 맞습니다. 우리 샴 고양이는 저를 잘 따르는데, 제가 늘 녀석의 꼬리를 붙잡아 위로 들어 올려 주기 때문이지요. 제가 고양이였다면 전혀 좋아할 것 같지 않은 행동인데, 녀석은 늘 또 해 달라고 가르랑거리며 제게 돌아온답니다.

아시듯이 조이는 한 젊은 사제의 안수기도 후 기적적으로 회복되기 시작했는데, 그가 얼마 전 제게 편지를 썼습니다. 그의 아내가 지금 암으로 고통을 받고 있다 하네요. 그의 이름은 피터랍니다. 사랑으로, 부인의 기도 시간에 그를 위해 기도해 주시겠습니까? 만일 여기 있었다면, 조이도 저와 더불어 안부를 묻고 인사를 전했을 겁니다.

Yours
Jack

더 킬른스,
헤딩턴 쿼리,
옥스퍼드

May 19th 1959

친애하는 메리에게

오랜 친구를 잃으셨다니 정말 안되었습니다. 참 기이하게도, 제 형님과 저도 최근 같은 일을 겪었답니다. 기억도 나지 않을 만큼 아주 오래전부터 알고 지내온 한 노老 숙녀 친구—따지자면 연로하다는 말이지요. 그녀는 우리에게 늘 소녀였으니까요—를 잃었답니다. 또 부인처럼 저희도 요즘 계속해서 그 친구가 들었으면 정말 좋았을걸 하는 우스갯소리를 자주 듣게 되네요. 피할 수 없는 일이지요. 우리가 젊어서 죽지 않는 한, 여러 친구가 먼저 죽는 걸 보는 수밖에 없지요. 참, 전문가에게 들은 이야기인데, 샴고양이는 사실 왕족 혈통이 아니라 그 지역에 흔한 정글 고양이이며, 본고장에서도 별로 '대우받지 못한다'네요! 환상이 또 깨졌네요!

서둘러 몇 자 적습니다. 축복합니다.

Yours
Jack

더 킬른스
헤딩턴 쿼리,
옥스퍼드

June 7th 1959

친애하는 메리에게

그렇게 많은 어려움이 떼 지어 몰려 왔다니 안되었습니다. 하지만 하나님의 은혜 가운데 평정심을 유지하고 계시다니 기쁩니다. 좋은 것일 수도 나쁜 것일 수도 있을 텐데, 종종 우리 마음이 바깥 상황에 아무런 영향을 받지 않는 것처럼 보일 때가 있지요. 조이가 죽어가는 것처럼 보였고, 저 역시 골다공증으로 신음하던 재작년 여름은 **이제 와서는** 회상하기조차 버겁습니다. 그러나 사실 그 시절 저희는 전혀 불행하지 않았거든요. 하나님의 평화가 지금처럼 계속 부인을 감싸 주시기를 빕니다. 부인의 그 연로한 이웃은, 사안이 그렇게 심각한 것만 아니었다면 그저 코믹해 보였을 것 같네요. 그 노파는 사람을 격려하는 방법이 보통 사람들과 다른 듯합니다. 너무도 상식을 초월해 현실 세계는 물론 소설 속에도 등장시키기 어려운 인물이 종종 있지요. 아마 지금 미국은 불볕더위일 텐데, 그 때문에 부인이 더 힘들어지지 않았으면 좋겠네요. 여기도 (여기로서는) 더운 날들이 많이 있었답니다. 지금은 열기가 지나갔지만, 가뭄이 계속되고 있고, 정원의 흙은 꼭 먼지 더미 같습니다.

어쩌다 세상이 "하나님이 저를 부르신다면 행복할 겁니다"라고 말하면 '병적'으로 보일까 염려해야 하는 그런 세상이 되었을까요? 성 바울이 했던 말인데 말입니다(빌 1:20-24 참조-옮긴이 주). 만일 우리가 믿노라 말하는 것을 정말로 믿는다면—다시 말해, 이곳은 우리의 본향이 아니며, 이 세상의 삶은 '참 본향을 찾기 위한 방랑'이라고 정말로 생각한다면—대체 그 본향에 가는 것을 고대하지 말아야 할 이유가 무엇이란 말입니까? 죽음을 대하는 태도는 세 가지밖에 없다고 봅니다. 죽음을 갈망하거나, 두려워하거나, 무시하거나. 현대인들은 세 번째 것을 '건강한' 태도라고 부르지만, 사실 그것은 셋 중에서 가장 불안정하고 위험한 태도입니다. 여기는 다들 잘 지내고 있답니다. 은총을 빕니다.

Yours

Jack

디 올드 인 The Old Inn

크로포즈번 Crawfordsburn

다운 주㉛,

북아일랜드

July 7th 1959

친애하는 메리에게

부인의 20일자 편지가 여기로 전달되었습니다. 참 불쾌한 경험을 하신 것 같네요. 부인께서 왜 그것을 "죽음의 얼굴 속을 들여다보는 것"이라고 묘사하시는지 이해합니다. 하지만 혹 누가 압니까? 실제 보면 우리가 생각했던 그런 얼굴이 전혀 아닐 수도 있으니 말입니다. 훨씬 나으리라는 희망을 가져 봅시다. 일전에 이를 하나 뽑은 적이 있는데, 저는 죽음의 순간이 어쩌면 이가 정말 빠졌다는 것을 깨닫고 "자, 이제 이것으로 입을 헹구세요"라는 음성이 들려오는 그 유쾌한 순간과 대단히 비슷하지 않을까 생각해 보았답니다. '이것'이란 물론 연옥을 말하는 것이고요.

부인의 경험은 저를 복지국가 Welfare State 사상과 화해를 시작하게 해 주었답니다. 그간 저는 그 사상을 심하게 비판해 왔거든요. 모든 사람에게 무상 치료를 제공하는 '국가의료보장제도'는 물론 단점도 있을 것입니다. 아무 문제도 없으면서 병원을 찾는 사람들 때문에 의사들이 끊임없이 어려움을 겪는 문제가 그렇지요. 하지만 사람들을 그냥 익사하게끔, 혹은 혼자 허우적대도록 내버려 두는 것보다는 낫다고 생각합니다.

부인 말씀은 '용서받을 만한 **자격**이 없다는 느낌'이란 뜻은 아니겠지요? 당연히 우리에게는 그런 자격이 없으니까요. 용서란 본질적으로 용서받을 자격이 없는 사람을 위한 것이기 때문입니다. 부인 말씀은 '용서받지 **못했다**는 느낌'이란 뜻이겠지요. 저도 그런 느낌이 뭔지 압니다. 저는 하나님의 용서를 이론적으로 '믿었지만', 그것을 정말 실감한 것은 수년이 지나서였거든요. 정말 놀라운 체험이었지요.

글씨를 너무 휘갈겨 써 죄송합니다만, 지금 저희는 휴일을 맞아 멀리 나와 있는 데다가, 필기 도구라고는 조이가 가져온 이 볼펜biro이 전부랍니다. 볼펜이란 것. 참 얄궂네요! 날씨가 그다지 좋은 편은 아니지만, 저희는 여기서 좋은 시간을 보내고 있답니다. 저희 두 사람 다 사랑과 동정의 마음을 전합니다.

Yours

Jack

더 킬른스,
헤딩턴 쿼리,
옥스퍼드

11 July 1959

친애하는 메리에게

우리는 지난 밤 아일랜드에서 돌아왔는데, 산더미처럼 쌓인 편지가 저를 기다리고 있어서, 그저 서둘러 몇 자 휘갈겨 쓸 수밖에 없겠네요. 부인의 의사는 참 유쾌한 분 같네요. 부인께 위로가 되신다니 기쁩니다. 사실 전 pediatrician소아과의사이 뭔지 boojum에[63] 대해서만큼 모르지만요! 저희 두 사람 다 부인의 평안을 빕니다.

Yours
Jack

---

[63] 루이스 캐롤의 작품 속 가상의 동물. ①

더 킬른스 etc

Aug 3/59

친애하는 메리에게

7월 30일자 편지를 받았습니다. 그런데 좀 의아한 부분이 있네요. 부인께서 심장 이상 때문에 의사에게 가시는 것은 이해합니다만, 정신과 의사는 대체 무슨 관계가 있나요? 어쨌거나 좋은 분들이었다니 기쁩니다. 친구를 잃으신 것에 심심한 위로의 마음을 전합니다. 하지만 사람은 앞으로 또 무슨 일이―나쁜 일뿐 아니라 좋은 일도―올지 모르는 존재지요. 《그리스도를 본받아》에 나오는 이 말씀을 기억하시겠지요. "네 십자가를 지라. 왜냐하면 그것을 피하려고 하면 또 다른, 더 나쁜 것을 만나게 될 것이기 때문이다." 이 원리에는 밝은 측면도 있습니다. 한 축복을 잃으면, 그 대신 다른 축복이 예기치 않게 주어질 때가 많지요. 여기는 다들 잘 지내고 있습니다. 저는 정신없이 바쁘게 지내고 있고요. 젊을 때보다 더 많이 피곤해지지는 않지만, 피로에서 회복되는 데는 훨씬 더 오래 걸리네요. 축복과 동정의 마음을 전합니다.

Yours

Jack

더 킬른스,
헤딩턴 쾌리,
옥스퍼드

21 Aug 59

친애하는 메리에게

그렇겠네요, 하루 세끼 식사를 여섯 차례로 나눠 하자면 정말 번거로운 일이지요. 하루 온종일 설거지를 해야겠네요! 저도 아는데, 혼자 밥을 차려 먹자면, 아무리 좋은 음식이고 식성이 좋아도, 몇 분 안 걸리는 식사를 위해 이렇게 오랜 시간을 들여 상을 차리고 치워야 하나 하는 생각이 어쩔 수 없이 들지요. 이곳 온도가 부인 나라 온도보다 그렇게 많이 높았던 적이 한 번 있었다는 이야기를 들으시면 놀라시겠지요. 어제 오전 11시 30분에는 우리 집 잔디밭 온도계가 34.5도를 가리키더라고요. 큰 나무와 또 그보다 더 큰 나무의 가지가 어제 숲 속에서 요란한 굉음을 내며 바닥에 쓰러졌답니다. 바람 한 점 없이 고요했는데, 순전히 내부의 수분 부족 때문에 말입니다. 이른 아침과 저녁 늦은 시간은 멋지지만, 그 사이 푹푹 찌는 시간들은 그렇지 않답니다.

'이사'는 날씨가 아무리 좋더라도 참 힘겨운 일이지요. 자기집 물건도 (부인은 제 말을 아실 겁니다) 익숙한 장소에서 옮겨지면 뭔가 애처로운 느낌이 들고요.

다음번에는 더 좋은 소식이 오기를, 또 부인께 더 큰 위로를 보내 드릴 수 있기를 바랍니다. 물론 부인을 위해 늘 기도하고 있답니다. 집안 식구들은 아직 잠들어 있답니다. 저만 일찍 일어나, 하루 중 서늘하고 조용한 시간을 이용해 편지 업무를 처리하고 있지요. 그래서 저만 부인께 사랑과 동정의 마음을 전하게 되었네요. 조이도 깨어 있었다면 분명 자신의 마음도 전해 달라고 덧붙였을 겁니다!

Yours
Jack

더 킬른스 etc

21 Sept [1959]

친애하는 메리에게

급히 서둘러 몇 자 적습니다. 정말 그저 몇 글자로 제 연민의 마음을 표현할 시간밖에 없네요. 집을 구하러 다니는 건 정말이지 녹초가 되는 힘든 일이지요. L 신부님을 만나지 못해 많이 아쉽네요. 그 물건을 팔기로 하셨다니 좋으시겠어요. 여기는 다들 잘 지냅니다. 만일 제게 악어가죽이 있다면, 저 역시 팔았을 겁니다! 복을 빕니다.

Yours

Jack

더 킬른스,

헤딩턴 쾌리,

옥스퍼드

18 Oct 1959

친애하는 메리에게

네, 이사를 잘 마치셨다니 감사하네요. '침실 겸 거실 bed-sitter' ― 여기서는 그렇게 부른답니다 ― 은 분명 단점이 있지요. 대부분의 집이 중앙 난방장치가 없는 이곳 영국에서는 그건 한 가지 보상이 있긴 합니다. 따뜻한 방에서 잠자리에 들었다가 일어날 수 있다는 이점 말입니다. 하지만 미국에서는 어디나 다 그럴 거라고 생각이 들긴 합니다만….

저희를 위해 더 기도해 주시겠습니까? 아무래도 1957년에 일어난 조이의 그 놀라운 회복은 사면이 아니라 집행유예였던 것 같습니다. 이번 엑스레이 검사 결과를 보니 뼈의 많은 부분에 암이 재발했다고 하네요. 아직 몇 년 더 살 수 있다는 희망이 있고, 의사들이 할 수 있는 일도 몇 가지 있긴 합니다. 하지만 어쨌거나 그것들은 다 본질적으로 '지연 작전'일 뿐이지요. 현재 우리는 퇴각 중입니다. 형세가 역전되었습니다. 물론 하나님께서는 전에 해 주신 일을 지금도 다시 행하실 수 있으시지요. 지금은 전에 병원에서 그녀와 결혼했을 때처럼 그렇게 앞이 캄캄하진 않답니다. 그녀는 놀랍도록 용기 있는 모습을 보여 주고 있고, 도리어 제게 힘을 주고 있답니다.

다만 두려운 것은, 부인께서도 아시다시피, 매일 아침 깨어나는 순간이지요. 모든 것이 다시 밀물처럼 몰려오는 그 순간 말입니다.

Yours

Jack

더 킬른스,
헤딩턴 쾌리,
옥스퍼드

22 Dec 1959

친애하는 메리에게

부인의 짧은 편지를 받았습니다. 우리의 서신교환에서 저는 그다지 규칙적이진 않지만, 그렇다고 게으르지도 않은 사람으로서 가질 수 있는 아주 깨끗한 양심을 가지고 있답니다. 저는 부인께 소식을 듣고 분명 편지를 드렸다고 확신합니다. 하지만 우리 한 가지 약속을 하도록 합시다. 만일 내년에도 우리 두 사람이 살아 있다면, 서로에게 아무 때나 편지를 써도 좋으나 크리스마스 때는 **제외하기로** 말입니다. 크리스마스는 정말이지 제게 악몽이 되고 있답니다. 끝없이 펜대를 움직여야 하거든요.

저번에 말씀드린 그 좋지 않은 소식에도 불구하고, 저희는 놀라우리만치 잘 지내고 있답니다. 말하기 부끄럽지만(한편으로는 기쁘기도 하고요), 제가 그녀에게 힘을 주는 것이 아니라 그녀가 제게 힘을 주고 있답니다. 부인을 위한 기도 잊지 않고 있고, 또 감사하고 있습니다.

새로 입주하신 곳에 잘 정착하시기를 바라고, 그 지역이 그럭저럭 괜찮은 곳이면 좋겠습니다! '당나귀 형제'[64]도 더 고분고분해지기를 바라고요.

부인께서 이 편지를 받으실 때면 이미 크리스마스가 지났겠지만, 그간에도 (언제나처럼) 부인을 생각하고 또 위해서 기도드릴 것입니다. 우리 두 사람 다, 이 시끄럽고 상업적인 야단법석 'X마스' 중에서도 성탄^{Nativity}을 진정으로 경축할 수 있는 은총을 구합

---

[64] **몸**을 가리키는 성 프란치스코의 표현.

시다. 그나저나 이 소란스러움은 성탄을 거의 질식시킨 것 같습니다!

Yours

Jack

더 킬른스,

헤딩턴 쾌리,

옥스퍼드

13 Feb. 1960

친애하는 메리에게

2월 8일자 편지에서 '아시아 독감' 이야기를 하셨는데, 안되었네요. 여기는 아직 그 독감이 상륙하지 않았거나, 아니면 아마 여기 의사들은 그걸 다른 이름으로 부르고 있을 겁니다. 이 편지가 도착할 때쯤이면 많이 호전되어 있기를 바랍니다. 조이에게 보내주신 그 예쁜 카드와 시―부인의 따뜻한 마음, 감사드립니다. 참 고맙게도, 그녀는 놀라우리만큼 잘 지내고 있고 보기에 건강합니다. 지금보다 상황이 나았던 예전에 우리는 비행기를 타고 그리스에 짧게 다녀오자고 계획을 세웠었는데, 지금으로 봐서는 그녀가 감당할 수 있을 것 같습니다. 저에게나 조이에게나, 아크로폴리스에 한 번이라도 서 보는 것은 큰 의미가 있거든요. 저는 요즘 몸 상태가 좀 이상해서 고생하고 있답니다. 밤에 (쉽게 잠들긴 합니다만) 70분 이상 수면 상태를 유지하지 못하고 있고, 낮에는 조금이라도 긴장을 풀면 깨어 있는 상태를 **유지**하지 못하겠네요. 아마도 일찍 노쇠해진 것 같습니다. 하나님이 우리 모두를 지켜 주시기를.

Yours

Jack

더 킬른스,
헤딩턴 쾌리,
옥스퍼드

26 March 1960

친애하는 메리에게

글쎄요. 제게는 L 신부님의 편지에 묘사된 그 젊은 친구가 오히려, 조용하고 세련된 형태의 불신앙 상태에 있는 많은 이들—그들은 기독교에 대해 늘 정중한 태도를 보이지요—보다 훨씬 더 희망적으로 보이는데요. 그 친구의 그런 무례함은 그의 마음 한켠에 '기독교에 정말 뭔가 있는 것인지도 모른다'는 두려움이 자리 잡고 있다는 걸 말해 줍니다. 아마 힌두교도나 불교도와 대화할 때는 **그들의** 종교에 아주 정중한 태도를 보일 것이라고 저는 확신합니다. 부인께서 걸리셨다는 그 독감은 우리나라를 찾아온 것과 동일한 것임이 분명합니다. 그 독감균은 그렇게 독종은 아니지만, 한번 찾아와서는 **죽치고** 들어앉아 웬만해선 떠날 생각을 하지 않는 친구들이지요.

여기는 더 나빠지지는, 아니 그리 많이 나빠지지는 않았습니다만, 삶이란 참 힘든 것이네요. 조이의 상태를 고려하면 그녀를 그리스로 데려가는 것은 미친 짓이라는 느낌이 들 때도 있지만, 그녀는 이미 마음을 굳혔습니다. 사형수에게는 마지막 아침 식사로 그가 가장 좋아하는 것을 준다지요.

곧 더 좋은 소식 보내오시기를 바라겠습니다.

Yours

Jack

모들린에서,
케임브리지

19/4/60

친애하는 메리에게

그리스를 다녀왔답니다. 대단히 성공적인 여행이었습니다. 조이가 정말 대단한 일을 해냈지요. 아크로폴리스의 꼭대기까지 걸어 올라갔고, 미케네의 사자문 Lion gate까지 가 보았답니다. 돌아오자마자 (당연히) 그녀는 많이 힘들어 했고, 온몸이 욱신거렸습니다. 하지만 도저히 허락하지 않을 수 없었던 여행이었습니다. 사형을 앞둔 이에게는 아무리 소화하기 힘든 음식이라도 그가 제일 좋아하는 음식을 준다지요. 그녀는 그곳의 광경에 완전히 도취되었답니다. 그러나 우리를 위해 기도해 주세요. 하늘이 아주 캄캄해지고 있답니다.

그리스를 대체 무슨 말로 묘사할 수 있을까요. 아티카는 결코 잊을 수 없을 만치 아름다웠고, 로도스 섬은 지상의 파라다이스였습니다. 오렌지와 레몬 농장, 들꽃, 포도나무와 올리브나무, 그리고 저 멀리 보이는 아시아의 산들. 게다가 값싸고 훌륭한 포도주. 참, 저는 오징어와 낙지도 먹어 봤답니다!

Yours
Jack

더 킬른스,
헤딩턴 쿼리,
옥스퍼드

15 July 1960

친애하는 메리에게

12일자 보내신 부인의 편지가 방금 도착했습니다. 지난 13일, 조이가 세상을 떠났답니다. 그때 이후로 모든 것이 꿈결 같습니다. 이 감정을 어떻게 표현할 길이 없네요. 그녀는 사죄 absolution 를 받았고 하나님과의 평화 가운데 숨을 거두었습니다. 저 자신을 조금 추스린 후 다시 편지를 드리겠습니다. 지금 저는 몽유병에 걸린 것 같습니다. 축복합니다.

Yours
Jack

더 킬른스,

헤딩턴 쾌리,

옥스퍼드

24 Sept. 1960

친애하는 메리에게

21일자 편지 감사드립니다. 이제 힘든 시기의 끝이 보이신다는 말씀 같은데, 정말 그렇기를 바랍니다. 부인께서는 영적으로는 매우 건강한 상태인 것 같습니다.

어떻게 슬픔을 극복하고 있는지 물으셨는데, '가능한 모든 방법들을 다 동원해서'가 제 답입니다. 부인께서도 아시듯, 이는 고정된 상태가 아니라 진행되는 과정이지요. 계속 바뀌지요. 구비마다 전혀 새로운 풍경이 펼쳐지는 꼬불꼬불한 길처럼 말입니다. 기이한 사실 두 가지를 알게 되었답니다. 제가 가장 간절히 또 가장 떠들썩하게 하나님께 도움을 청하는 순간에는 아무 도움도 받지 못하는 것처럼 느껴지고, 반면 제가 조이를 가장 가깝게 느끼는 순간들을 보면 그녀를 **가장 덜** 슬퍼하는 순간들이더라고요. 참 이상하지요. 두 경우를 볼 때, 우리의 떠들썩한 필요는 오히려 필요한 것을 얻지 못하게끔 만든다는 것인데, 지금껏 누구도 이런 것을 말해 준 이가 없었습니다. 거의 "두드리지 말라. 그래야 열릴 것이다"라는 말인데요. 좀 더 곰곰이 생각해 봐야 할 것 같습니다.

막내 의붓아들 녀석이 지금 가장 큰 위안이랍니다.

제 형님은 아직 아일랜드에 있습니다. 하나님이 우리 모두에게 복 주시기를.

Yours

Jack

모들린 칼리지,
케임브리지

28 Oct. 1960

친애하는 메리에게

저런, 저런, 너무도 참혹한 소식이네요. 아니, 그 많은 일들이 한꺼번에 들이닥치다니요! 콜리지가[65] 말했지요,

> 사랑하는 이에게 또 원한도 느끼는 것,
> 정말이지 사람을 미치게 하는 일이지.

원한과 애정이 뒤섞여 있는 것, 혹은 번갈아 나타나는 것은 정말이지 사람을 힘들게 하지요. 왜냐하면 두 감정 중 하나에 빠질라 치면 즉각 다른 감정이 치고 올라오고, 또 몇 초 후에 다시 그 전 감정이 치고 올라오고, 그런 식으로 마음이 둘 사이에서 왔다 갔다 고통스런 '왕복 운행'을 하니까요. 사람은 누구나 이런 경험을 하는 것 같습니다. 불안만큼 사람을 잠 못 이루게 만드는 것은 없는 것 같습니다. 우리는 그런 고통의 사랑에 해당하는 부분은 좋고 연옥적이지만, 원한 부분은 나쁘고 지옥 같은 것이라는 사실을 늘 기억해야 한다고 생각합니다. 하지만 우리는 하찮은 것들을 어찌나 소중히 하는지, 가장 아끼는 소유물이라도 되는 양 여깁니다. 원한을 돋우는 것을 두고두고 생각하고, 상대에서 쏟아붓고 싶은 말을 속으로 계속 되뇌지요! 우리가 할 수 있는 건 이 기도를 끊임없이 묵상하는 것뿐이라고 생각합니다. "**우리에게 잘못한 이들을 우리가 용서하듯이** 우리의 잘못을 용서해 주소서"라는 기도 말입니다. 제 경우는 **두려움**이 큰 도움이 됩니다. 용서하

---

[65] Samuel Coleridge; 1772-1884. 영국의 낭만주의 시인, 비평가. ⓘ

지 않으면 나 또한 용서받지 못할 수 있다는 두려움 말입니다. 두려움이 원한을 길들이는 것이지요. 그리고 **이런** 두려움은 (여기에 대해 우리 주님이 하신 말씀도 있지요) 전적으로 좋은 두려움입니다. 인간의 마음은 (적어도 제 경우는 그렇습니다) "심히 부패"[66] 했습니다. 조이는 가까운 친척 중에 참 보기 싫은 누구를 용서하는 일이 얼마나 어려운지 말하면서 가끔 그 표현을 인용하곤 했답니다. 용서는 거듭거듭 해야 하는 일이라고 생각되지 않으십니까?
하나님이 부인께 온갖 종류의 도움을 베푸시길 바랍니다.

Yours

Jack

추신. 이렇게 생각해 보는 것도 도움이 되던데요. "X는 분명, 지금 화가 머리 끝까지 오른 내가 생각하는 것만큼 그렇게 나쁜 사람은 아닐 것이다. 그렇다면 그를 그렇게까지 나쁘게 생각하는 건 분명 옳지 못한 것이다. 설령 정말 그가 그렇게 나쁜 사람이라면 얼마나 내 기도가 필요한 사람인가."

---

[66] 참조. 렘 17:9. ⓘ

모들린 칼리지,
케임브리지

24 Nob 1960

친애하는 메리에게

20일자 편지 감사드립니다. 자꾸 뭘 깜빡 잊는다고 하셨는데요, 존슨 박사가[67] 이런 말을 했지요. "젊은 사람이 자리에서 일어날 때 자기 모자를 어디에 뒀는지 기억하지 못하면 다들 대수롭지 않게 넘기면서, 나이 든 사람이 그러면 기억력 감퇴라고 떠든다." 우리도 그렇습니다. **전에도** 우리는 곧잘 깜빡깜빡 했습니다. 그런데 지금은 그걸 나이 탓으로 돌리지요. 수년 전에 이런 일이 있었답니다. 어느 날 오전에 책 원고를 막 탈고하고서, 다 피운 담배를 안경 케이스 속에 집어넣고는 그걸 통째로 화로 속에 던져 넣으려다가 가까스로 자신을 멈췄답니다!

지난번 편지에서 저는 부인께서 ○○○의 말과 행동에 대해 느끼신다는 고통과 원한을 이야기했습니다. 강의를 하려 했던 것은 아니고, 다만 우리 모두가 맞서 싸워야 할 그 유혹에 대해 유용한 정보를 나누려는 것이었지요...about temptation we all have to contend with.

방금, 문장이 전치사로 끝났네요. 그렇게 하면 안 된다는 바보 같은 '룰'은 드라이든이[68] 만들어 낸 것입니다. 제가 보기에, 그가 영어보다 '정중한' 언어라고 생각하는 불어나 라틴어에서는 문장이 그런 식으로 끝날 수 없다는 게 그것을 싫어한 유일한 이유인 것 같습니다.

양로원에 들어가기가 왠지 무섭다고 하셨는데, 우리가 몰랐던 일은 결국 두 방향으로 나타난다는 걸 기억하세요. 우리가 고대하고 바랐던 일이 막상 얻고 보면 아무 쓸모 없는 것일 수 있듯이,

---
[67] Samuel Johnson; 1709-1784. 영국의 문학가, 사전 편찬가. ⓘ
[68] John Dryden; 1631-1700. 영국의 시인, 비평가. ⓘ

많이 두려워하던 것도 알고 보면 상당히 근사할 수 있습니다. 부인께서 양로원에 들어가시는 일이 생기더라도, 그리스도가 그곳에도 계시다는 것을 기억하면 좋겠습니다.

○○○와 가지셨던 대화의 일부를 옮겨 주셨는데, 들어 보니 신경이 곤두섰다는 것 외에는 양편 모두 그다지 잘못이 있어 보이지 않네요. 물론 제가 해결책을 아는 것은 아닙니다. 한번 대화 **속도**를 (부인이 하실 수 있는 만큼) 늦추어 보시면 때로 도움이 됩니다. 또 자리에 앉아서 대화를 해보세요. 제가 보기에, 사람은 앉아 있을 때보다 서 있을 때 더 흥분 상태에서 이야기하는 것 같습니다. (희극에서는 배우들이 자주 **앉아** 있는 반면 비극에서는 보통 서 있는 경우가 많다는 사실에 주목해 보세요.)

All blessings,

Yours

Jack

더 킬른스,
헤딩턴 쾌리,
옥스퍼드

9 Jan '61

친애하는 메리에게

저는 저를 '지혜롭다'고 전혀 생각지 않습니다. 다만 분명한 확신을 갖고 한 가지 조언을 드린다면, 앞으로는 누구에게라도 피곤하실 때는 절대 밤 늦게까지 긴 편지를 쓰지 **마세요!** 이는 부인께 매우 좋지 않습니다. 이제 본론으로 들어가 보지요.

부인께서 어떻게 **하시기로** 결정하시든, 그렇게 하는 부인의 태도는 올바른 것이라야 합니다....

물론 그들의 뉘우침은 많이 부족하겠고, 그들의 동기도 많이 복잡하겠지요. 하지만 사실 **우리의** 모든 회개, **우리의** 모든 동기들도 다 그렇지 않습니까? 부인의 회개를 하나님께서 받아 주시길 바라시듯, 그들의 회개도 받아 주세요. 그분은 부인이 그들을 용서할 때, **오직 그 때**, 부인을 용서해 주시기로 약속하셨다는 사실을 꼭 기억하세요.

어쨌거나 결정은 참 어려운 일이지요. 부인을 잘 아는 사람만이 부인에게 조언해 줄 수 있는 자격이 있다고 생각합니다.... 물론 그러면 아주 많은 것을 포기해야 하겠지요.... 유감스럽지만 나이 든다는 것은 점점 많은 것을 포기한다는 것, 혹은 그것들이 우리를 떠나는 것을 지켜본다는 것 아니겠습니까....

한 가지 분명한 것은, 용납하기로 하든 거절하기로 하든, 모두 온전한 사랑과 예의 가운데 해야 한다는 것입니다. 하나님께서 은총 가운데 필요한 겸손을 주시기를 기도합니다. **그들의** 죄를 너무 많이―왈가왈부하는 것은 말할 것도 없고요―생각하려 하지 마세요. 그보다는 자기 자신의 죄를 생각하는 것이 훨씬 더 유익

합니다! 만약 곰곰이 생각해 봐도, 자신에게선 아무 잘못도 발견할 수 없다면, 그땐 정말 하나님께 자비를 간청해야 합니다. 왜냐하면 이는 **확실히** 심각한 망상이기 때문이지요....

아, 너무 적은 말씀밖에 드리지 못해 미안합니다. 하지만 저는 잘 알지 못하고, 또 잘 **알 수도** 없습니다. 부인께서 올바른 선택으로 인도되시기를 기도드릴 뿐이지요. 어쨌거나 (분명한 사실은) 우리의 선택은 두 십자가 사이에서의 선택이라는 것입니다. 이 사실을 받아들이는 만큼, 사람은 지상에서의 행복에 덜 집착하게 되고 고통도 덜하게 된다고, 아니 어쨌거나 고통이 덜 지옥 같은 것으로 되고 더 연옥적이 된다고 저는 믿습니다.

Yours

Jack

모들린 칼리지,
케임브리지.

24 Feb. 1961

친애하는 메리에게

마침내 결정을 내리셨다니 정말 기쁘고, 저는 그것이 옳은 결정이었다고 믿습니다…. 그 필적분석가grapho-analyst의 진단이라는 "고도로 발전된 형태의 교만"이란 것을 죽일 기회와 필요는 앞으로 충분히 있을 것입니다! "되돌아가는" 일이나 "뜻이 바뀌는" 일이 분명 많이 생길 겁니다. 물론 늘 희생하고자 하신 그 신실한 뜻은 바뀌지 않겠지만 말입니다. 다행인 것은, 부인께서 이를 미리 알고 계시다는 것이지요. 팔복의 코믹 버전인데, "적게 기대하는 사람은 복되다. 그들은 실망하지 않을 것이기 때문이라"는 말이 있지 않습니까…. 아마 안전한 규칙은 이것일 겁니다. "무슨 행동을 해야 할지, 무슨 말을 해야 할지 확신이 들지 않을 때는, 아무 행동도 하지 말고 아무 말도 하지 말라". 저는 이를 의붓아들 녀석들과 같이 있을 때 아주 많이 느낀답니다. 제가 **쓸데없는 참견**이나 **쓸데없는 소리**를 할 때가 얼마나 많은 지요. 늘 보면, 그들에게 좋은 쪽으로든 나쁜 쪽으로든 정말로 영향을 끼치는 건, 제가 하는 행동이나 말이 아니라 바로 제 **존재**더라고요. 불행히도 우리는 우리가 어떤 존재인지 스스로 알 수 없고 또 그다지 고칠 수도 없지요. 물론 하나님은 하실 수 있지만 말입니다. 윌리엄 로가 말하는 다음 두 가지 규칙을 늘 기억해야 할 것입니다.

1. "나는 충분히 겸손하다는 믿음만큼 뿌리깊은 교만에 대한 확실한 증거는 없다."
2. "모욕을 받았다고 여기는 모든 이들에게 나는, 그 모욕은 그들이 생각하는 것보다 훨씬 덜 심한 것이라는 걸 깨달으라고 말해주고 싶다."

부인의 수의사는 혹 돌팔이가 아닐까요? 심리학적 진단이란 것은 제가 볼 때 인간 환자에게 내릴 때도 상당 부분 엉터리입니다. 하물며 동물에게 그런 진단을 내리다니 엉터리인 게 더욱 확실합니다. 환자용 소파에 고양이를 눕히고선 꿈 이야기를 하라고 하거나, '자유 연상'을 통해 단어들을 내뱉도록 한답니까? 또—저는 고양이를 대단히 높이 평가하는데—그들이 얼마나 약삭빠른데요. 아마 그 수의사가 그 녀석들 속을 보는 것보다 그 녀석들이 수의사를 더 잘 꿰뚫어 볼 겁니다.

다시 신부님께 제 안부 전해 주세요.

제 직업상 특이하게 일들이 한꺼번에 몰린답니다. 지난 2주간 어찌나 바빴는지, 정말 눈코 뜰 새가 없었고, 그래서 지금 매우 지친 상태랍니다. 그것 빼놓고는 별일 없이 잘 지내고 있습니다. 여기는 봄과 겨울이 교대로 왔다 갔다 하고 있어서, 밤에 담요를 아무리 적게, 혹은 많이 덮고 자도 결국 아침이 되기 전에 땀을 뻘뻘 흘리거나 벌벌 떨면서 깨지요…. 부인을 위해 계속 기도할 것입니다.

Yours

Jack

더 킬른스,
헤딩턴 쿼리,
옥스퍼드

28 March 1961

친애하는 메리에게

인간이 전적으로 진실하거나 전적으로 위선적이기란 대단히 드문 일이지요. 기분도 잘 바뀌고, 동기도 복잡하고, 또 자신의 동기가 무엇인지 스스로 잘못 알 때도 많고요....

사람은 자신과 상관없어 보이면 쉽게 조언한다는 걸 알지만, 어쩔 수 없습니다. 저는 제가 옳다고 믿는 말을 할 수밖에 없으니까요. 인생의 주된 목적은 분명 '자기 소유의 삶'이 끝나는 지점에 도달하는 것입니다. 이런 의미에서 사람은 '죽어야' 하고, '무無'가 되어야 하고, 자신의 자유와 독립성을 단념해야 합니다. "내가 아니라 그리스도께서 내 안에 사신다"[69], "그분은 더 커지셔야 하고 나는 더 작아져야 합니다"[70], "자기 생명을 잃는 이는 자기 생명을 찾으리라"[71]. 부인께서도 이미 다 알고 계신 것들이지요. 이는 우리가 흑빵 brown bread 대신 [그보다 못한] 흰빵 white bread 을 먹어야 한다는 것일 수도 있습니다! 이 순간에도 얼마나 많은 사람들이 먹을 빵이 없어 굶주리고 있는지요. 은총을 빕니다.

Yours

Jack

추신. 부인께 작은 보탬을 드리는 일은 물론 계속할 것입니다.[72]

---

[69] 갈2:20. ⓘ
[70] 요3:30. ⓘ
[71] 요12:25. ⓘ
[72] 루이스는 자신의 책을 출간한 미국 출판사로 하여금 그녀에게 매달 얼마간의 생활비를 보내도록 했다.

모들린 칼리지,
케임브리지.

21 April 1961

친애하는 메리에게

16일자 편지를 받았습니다.... 동봉하여 보내 주신 시, 감사드립니다. 저는 모종의 바이러스가 몸에 침투해 봄 내내 몸 상태가 그리 좋지 않았답니다. 낮에도 온전히 깨어 있지 못하고 밤에도 온전히 잠들지 못했지요. (게다가 꿈자리도 계속 사나웠고요.) 그러니 제게 큰 기대를 하진 마시기 바랍니다. 은총을 빕니다.

Yours
Jack

모들린 칼리지,
케임브리지

5 June 1961

친애하는 메리에게

... 부인도 이미 잘 알고 계신 것들을 제외하고는 특별히 말씀드릴 게 없네요. 우리는 과거를 조심해야 한다고 생각합니다. 제 말은, 자신의 죄를 회개하고 다른 이들의 죄를 용서하기 위해 꼭 필요한 정도를 넘어서서 과거의 악에 생각을 고정하는 건 참으로 쓸모없고, 또 대개의 경우 해롭다는 뜻이지요. 단테를 읽어보면, 구원받지 못한 영혼들은 늘 자신의 과거에 완전히 빠져 있지요! 구원받은 영혼들은 그렇지 않은데 말입니다. 부인과 저처럼 나이든 사람들이 조심해야 할 것들 중 하나가 이것입니다. 우리는 과거를 참 많이 가졌지요? 그 외의 것들은 참 적은데 말입니다. 그러나 자꾸 과거를 되새김질하려 해서는 안 됩니다. 오히려 오래된 피부가 영원히 허물 벗는 날을 더욱 간절히 고대하며 살아야 합니다. 조금 복잡한 은유들이긴 하지만, 아마 부인께서는 제 말뜻을 아실 것입니다.

제 소화기능이 다시 정상을 찾고 있다고 감히 믿어볼 정도이지만, 그간 소화 문제와 시험 답안지 체험하는 일로 지금 너무 지친 상태라 더 이상 남아 있는 힘이 없네요! 하나님께서 우리 모두에게 은총 내려 주시길 빕니다.

Yours

Jack

더 킬른스, 킬른 레인,

헤딩턴 콰리,

옥스퍼드.

12th July 1961.

친애하는 셸번 부인께

제 동생에게 보내신 6일자 편지를 제가 뜯어 보았습니다. 유감스럽게도, 제 동생이 지금 병원에 입원 상태라 자신에게 온 편지들을 처리할 수 없기 때문입니다. 어제 동생을 만났는데, 부인에게서 편지가 왔다고 하자, 당분간 답장을 쓰지 못하게 된 이유를 부인께 설명해 달라고 부탁했답니다.

안부를 전하며.

Yours sincerely,

W. H. Lewis

더 킬른스, 킬른 레인,
헤딩턴 쾌리,
옥스퍼드.

20th August 1961.

친애하는 셸번 부인께

14일자 편지 감사드립니다. 이렇게 답장을 드리는 까닭은 부인의 요청 때문입니다. 제 말이 좀 무뚝뚝하게 들릴지 모르겠으나, 제 말은 부인께 전해 드릴 만한 특별한 소식이 없다는 뜻이랍니다. 감사하게도 여기는 다 좋습니다. 모든 것을 좌우하는 신장이 아주 빠른 속도로 좋아지고 있고, 의사 말로는 만족스럽다고 하네요. 최근에 받은 혈액검사 결과도 아주 좋았습니다. 환자치고는 최상의 정신 상태이고, 잘 먹고, 식욕도 좋고, 또 제일 바람직한 징후로 여기는, **지루하다**는 불평을 늘어놓기 시작했답니다. 하루 온종일 졸면서 시간을 보내고 싶어 했던 2주 전과는 아주 많이 달라졌지요.

기도해 주시는 것에 대해 동생을 대신하여, 또 저 개인적으로 감사의 마음을 전합니다.

Yours sincerely,
W. H. Lewis

더 킬른스, 킬른 레인,
헤딩턴 쾌리,
옥스퍼드.

7th October 1961.

친애하는 셸번 부인께

잭에게 보내신 5일자 편지를 제가 가지고 있습니다. 동생이 직접 답장을 하지 못해도 부인께서는 이해해 주시리라 믿습니다. 동생이 호전되고 있지 않은 것은 아닙니다. 다만 회복 속도가 매우 느리고, 많이 그리고 쉽게 피곤해 해서 꼭 처리해야 할 용건이 아니라면 아무 편지도 보여 주지 않고 있답니다. 하지만 동생은 부인의 편지와 염려해 주시는 마음에 대해 고마워하고 있습니다.

현재 상황은 이렇습니다. 잭은 병원에서 여러 차례 수혈을 받았고, 그 결과 뚜렷한 차도를 보여 일주일 전 집에 돌아왔답니다. 허락도 받았지만 의사들이 권하기도 해서, 요즘은 아침에 일어나 스스로 음식도 해 먹고 매일 30분씩 산책도 나간답니다. 더 좋은 일은, 푸짐한 식단을 허락받아서 좋아하는 음식도 즐긴다는 겁니다. 아마 가장 좋은 징후는 이것일 텐데요. 요즘 그는 환자 생활이 너무 지루하다고, 다시 일하고 싶어 몸이 근질근질하다고 푸념을 늘어놓고 있답니다. 수술에 대해서도, 외과의사는 전에는 시급하다고 하더니 이제는 상당히 먼 일—6개월이나 심지어 1년 후의 일—로 말하네요. 당연히 저로서는 큰 안도의 숨을 쉬게 되는데, 왜냐하면 수술이 시급할 정도로 심각한 상황은 아니라는 것이니까요. 정말이지 지금은 지난 번 제가 부인께 편지를 썼을 때보다 훨씬 행복하답니다. 안녕히 계시기를 바랍니다.

Yours sincerely,

W. H. Lewis

더 킬른스

헤딩턴 쿼리

옥스퍼드

23 Dec 1961

친애하는 메리에게

우리 둘 다 현재 질척거리는 시간을 보내고 있는 것 같네요? 저도 똑같답니다. 겉보기에나 기분상으로는 계속 좋아지고 있는데, 피검사를 해보면 정말 나아진 건 아니라는 결과만 계속 나오네요. 토마스 머튼이라는 미국인 트라피스트 수도사가 쓴 《인간은 섬이 아니다 *No Man is An Island*》(성바오로)라는 책을 읽었는데, 큰 감동을 받았습니다. 부인께서 혹시 아시는 책인가요?

저는 지금 글을 오래 쓰지 못한답니다. 은총을 빕니다.

Yours

Jack

더 킬른스,

헤딩턴 쾌리,

옥스퍼드

17 Jan 62

친애하는 메리에게

말씀을 듣고 마음이 많이 아팠습니다. 아! 위생학의 발전 덕분에 사람들은 더 오래 살게 되었지만, 다른 것들로 인해 노년은 과거 그 어느 때보다도 더 힘겨운 시기가 되고 말았지요. 노인들은 보통 **서로를** 싫어하기 일쑤인데, 참 유감스러운 일입니다. 제가 부인과 같은 상황이었다면, 저는 고독보다는 '홈'(양로원)에 들어가기를—아니, 고독만 아니라면 무엇이든—선택했을 것입니다. 부인의 말씀을 듣자니, 전에 AA(알코올 중독자 자가치료 모임—역자주)모임에 한번 나가보지 않겠냐는 제안에 "거기 가면 퇴역장교들로 바글거릴 거요"라며 거절했던 알코올 중독자 퇴역장교가 생각나네요. 저는 좋아지기는 했습니다만, 이는 다만 큰 수술받을 준비가 됐다는 뜻일 뿐이지요. 저는 여전히 글을 오래 쓰지 못한답니다. 진심으로 동정의 마음을 전합니다.

Yours

Jack

더 킬른스.

6 April 62

친애하는 메리에게

제 소식은 좋지도, 나쁘지도 않습니다. 먼저, 제 신장이 아무래도 수술하기에 적합하지 않다는 결론이 나왔습니다. 그러나 그간 지금의 제 상태를 받아들일 수 있는 힘이 자랐기에, 저는 수술받지 않고 계속 이런 준환자 상태로 살아갈 것 같습니다. 부인께서 더 많은 어려움들에 맞닥뜨리셨다니 안타깝습니다.

Yours

Jack

모들린 칼리지,
케임브리지

4 May 62

친애하는 메리에게

부인의 사랑 어린 기도에 감사드립니다. 저도 부인을 위해 매일 기도한답니다. 네, "기뻐하라"는 성 바울의 말을 따르기 어려울 때가 있지요. 하지만 삶을 매 순간순간 살아내려고 노력해야 합니다. 저는 **지금 이** 순간은 대개의 경우 견딜 만하다고 생각합니다. 그 짐에 과거의 짐이나 미래의 짐까지 얹으려 하지만 않는다면 말입니다. "한 날의 괴로움은 그 날로 족하니라"고 하신 우리 주님의 말씀은 얼마나 지당한지요. 혹 그분 말씀에서 보다 찬란하게 빛나는 신적 요소에 경외심을 보내느라, 때로 그 실제적이고 상식적인 요소에 제대로 주목하지 못하고 있는 건 아닐까요? 그 두 중국인 아이들 이야기, 참 매혹적이네요. 말씀을 듣자니, 전에 조이와 제가 크레테(크레타 섬)에서 겪었던 일이 생각나네요. 배가 많이 고파 보였던 한 어린 소녀에게 조이가 몇 드라크마를 주자 (그 아이가 구걸한 것은 아닙니다. 그저 호기심 가득한 천진한 눈망울로 우리를 뚫어지게 쳐다보고 있었지요.) 그 아이는 옆 숲 속으로 달려가더니 손에 한 가득 과일을 들고 돌아와서는 우리에게 주더라고요. (처음 보는 좋은 과일이었는데, 이름을 알아내느라 온갖 노력을 기울였지만, 알아낸 건 '과일'이라는 뜻의 **카르포스**Karpos라는 단어가 전부였답니다!)

Yours

Jack

모들린 칼리지,
케임브리지

Ascension Day[73] 1962

친애하는 메리에게

네, 의사들은 제게 '실험적으로' 이번 학기에 일을 다시 시작해 보라고 허락해 주었습니다. 지금까지는 아주 성공적이었답니다. 작년 6월 이래 가장 좋은 몸 상태입니다. 하지만 저단백질 음식만 먹어야 하는 준환자 생활을 하고 있고, 앞으로도 계속 그래야 합니다. (정말 먹고 싶은 걸 먹지 말아야 하는 상황에 있는 건 분명 제 영혼의 건강에 좋을 겁니다!) 부인처럼 저도 가능한 한 계단을 오르내리는 일을 줄여야 합니다. 그런데 이렇게 살려다 보니 삶이 참 **복잡해**지지 않던가요? 깜박 잊은 무언가를 가지러 다시 이층으로 올라가는 일이 없어야 하니까, 마치 북극이나 중앙 아프리카 여행을 계획할 때처럼 아래층에 내려가기 전에 철저히 준비해야 하니까요. 하지만 곧 익숙해지지요!

중국에 대해 하신 말씀들을 듣고 보니 끔찍하네요. 일전에 포르투갈에 대한 글을 하나 읽고서 충격을 받았던 적이 있습니다. 저는 살라자르Salazar가 독재자이긴 하지만 **좋은** 독재자(이런 것이 있을 수 있다면!)라고 생각하고 있었습니다. 그런데 알고 보니, 포르투갈은 그저 다른 전제국가들과 다를 바 없고, 한편으로는 더 나쁘더군요. 왜냐하면 그 흉악무도한 일들이 기독교의 이름으로 행해지고 있으니까요. 시편의 한 구절이 말하듯이, "온 땅에 어둠과 잔인한 처소들이 가득합니다."[74]

부인의 편지에 비해 너무 짧게 적어 미안합니다. 그런데 이게 남자와 여자의 변함없는 차이 중 하나가 아닌가 합니다. 여자들은

---
[73] 승천절: 로마가톨릭교회에서는 주님 승천 대축일. ⓒ
[74] 시 74:20. ①

편지 쓰는 것을 무척 좋아하지만 남자들은 끔찍이 싫어하거든요. 게다가 오늘 하루 써야 할 **다른** 글들이 너무 많네요!

올봄은 뭔가 잘못되었습니다. 여기는 여전히 겨울 날씨랍니다. 뻐꾸기가 아주 늦게 오기는 했지만, 분명 따뜻한 나라에 좀더 머물다 올 걸 하고 후회하고 있을 겁니다.

Yours

Jack

더 킬른스,

헤딩턴 쾌리,

옥스퍼드

3/7/62

친애하는 메리에게

네, 우리는 정말 많은 경험을 공유하고 있는 것 같네요! 어쩌면 과거에 자발적인 금식을 더 많이 했더라면, 하나님께서 우리에게 이렇게 힘겨운 식단을 처방하지 않으셨을 수도 있지 않을까요? 그런데 신학자들은 강제로 부과된 금욕도 올바른 정신으로 받아들이기만 한다면, 자발적인 금욕 못지않은 덕이 있다고 하지요. 또 우리는 둘 다 고양이의 지배를 받고 있네요. 조이의 샴 고양이—저는 녀석을 '의붓 고양이'라고 부르지요—는 제가 아는 한 지독히도 말하기 좋아하는 동물입니다. 하루 종일 수다를 떠는 녀석은 하루에도 1,000번씩이나 문이나 창문을 열어 달라고 요구하지요. 네, 약 먹는 일 참 지루합니다. 게다가 늘 '아침 먹고 내가 약을 챙겨 먹었던가?' 하는 생각에 고민스럽고, 그 다음에는 약을 빼먹을 때가 더 위험한가, 아니면 과다 복용할 때가 더 위험한가 하는 생각 때문에 또 고민이 되지요! 동정의 마음을 전합니다. 서둘러 몇 자 적습니다.

Yours

Jack

모들린 칼리지,
케임브리지

31/7/62

친애하는 메리에게

네, 고양이를 싫어하는 사람도 있다는 건 참 이상하지요. 하지만 고양이들 자신이 이 점에서 최악의 가해자이기도 합니다. 녀석들이 서로 사이좋게 지내는 경우는 아주 드물지요.

고통을 제외하면, 남자와 여자는 병 때문에 받는 괴로움에 있어서 서로 다른 점이 있다고 생각합니다. 여자에게 병이 주는 큰 해악 중 하나는, 병에 걸리면 아무 일도 할 수 없다는 것이지요. 반면 남자의 경우는 (적어도 저 같은 남자들의 경우는) 병에 걸리면 이런 생각에서 큰 위로를 받지요. '아, 어쨌거나 이제는 누구도 내게 뭔가를 **해 달라고** 하지 않겠지.' 저는 종종 연옥의 한 단계를 늘 사고가 벌어지는— 우유가 끓어 넘치고, 도자기 그릇이 깨지고, 토스트가 타버리고, 동물들이 음식을 훔쳐가는—거대한 부엌이라 상상해 보곤 합니다. 그 곳에서 여자들은 가만히 앉아 자기 일에 집중하는 법을 배워야 하고, 남자들은 자리에서 벌떡 일어나 뭔가 조치를 취하는 법을 배워야 합니다. 남자나 여자나, 이 훈련을 마스터해야만 다음 단계로 넘어갈 수 있습니다....

제 몸은 계속 나아지고 있는 것 같습니다. 하지만 그럴수록 조이가 곁에 없다는 게 더 절실히 느껴지네요. 사람은 행복을 느끼는 능력이 다시금 일깨워져야 비로소 행복의 부재를 충분히 인식하는 것 같습니다.

그렇습니다. 약 챙겨 먹기란 지긋지긋한 일이지요. 하지만 우리 조부모들이 삼켜야 했던 그런 끔찍한 약들을 먹지 않아도 되는 시대를 사니 얼마나 감사한 일입니까.

은총을 빕니다.

Yours
Jack

더 킬른스,
헤딩턴 쾌리,
옥스퍼드

3 Sept 62

친애하는 메리에게

우리 상황이 묘하게 서로 뒤바뀌었네요. 부인은 수술을 해야 할지 모른다는 두려움 가운데 사시고, 저는 수술을 할지도 모른다는 희망 가운데 사니 말입니다. (사실 **희망**해야 마땅하지만, 그러기엔 육신이 너무 약할 때도 많지요!) 속이 메스꺼운 건 참 끔찍한 일이지요? 정말로 심한 고통을 제외하고는 그보다 더 나쁜 건 없는 것 같습니다. 사람의 정신과 감정을 장악해버리니까요.

분명 이미 오래 전에 사함 받은 죄들인데 다시금 그 용서에 대해 의심이 생기셨다니, 놀랐습니다. 더욱이 부인이 괴로우신 건, 부인이 품으셨던 무슨 악의 때문이 아니라 의도는 순수했던 행동의 예측하지 못한 결과들 (혹은 그 결과로 볼 수도 있는 것들) 때문인 것 같은데 말입니다. 물론 자신의 행동이 의도와 달리 많은 끔찍한 결과를 낳아 무거운 짐이 된다는 걸 저도 압니다. 하지만 그건 사실 죄책의 짐이 아니라 유감과 수치의 짐이지 않습니까? 어쩌면 우리는 수치를 어찌나 싫어하는지, 실수를 죄로 여기곤 그것을 감추려 하는 것 같지 않습니까?....

부인을 위해 늘 기도하고 있습니다.

그 연옥의 부엌 이야기는 요즘 누군가가 저를 '들볶고 있다'는 뜻은 아니었습니다. 그저 제 평생의 경험에 대한 것입니다. 남자들은 자신이 마땅히 해야 할 일을 다른 이들에게 떠넘기는 경향이 더 많고, 여자들은 다른 이들이 그냥 가만 두었으면 하고 바라는 일에 발벗고 나서는 경향이 더 많다는 것 말입니다. 따라서 남자도 여자도 "네 할 일에 마음 써라"는 말을 들어야 하는 것이지요.

물론 서로 다른 의미에서!

Yours

Jack

추신. 지금으로선 제가 미국에 가는 건 불가능해 보입니다.

… 더 킬른스,
헤딩턴 쿼리,
옥스퍼드

2 Oct 62

친애하는 메리에게

정말 끔찍한 치료였군요! 병보다 의사가 더 무서울 때도 많지요. ○○○ 노파에 대한 부인의 심정도 충분히 이해합니다. 저도 그런 여자분에게 호되게 당한 적이 있지요. 습관적으로 거짓말을 하는 사람을 대할 때 힘든 점 **하나는**, 그들의 말을 하나도 믿을 수 없기 때문에 그들이 무슨 말을 하든 조금도 흥미를 느끼지 못한다는 것이지요. 그러나 우리가 늘 기억해야 할 말이 있습니다, "하나님의 은총이 없었다면 나도 저렇게 되었을 것이다." 우리는 그런 사람이 되지 않도록 기도해야 하겠지요....

쫓겨난 고양이 한 마리를 거두어 주셨다니 다행입니다. 고양이는 정이 없다고 말하는 사람들이 있는데, 저는 이해할 수 없습니다. 우리 샴 고양이 (저의 '의붓 고양이')를 보면 거의 숨이 막힐 정도로 정이 넘치거든요. 네, 우리 집 갈색 수고양이는 (돈 후안 같은 제비족이자 주님께서 보시기에 [니므롯처럼] 힘 센 사냥꾼이지요.[75]) **저한테는** 눈길 한 번 주지 않지만, 다른 이들한테는 그렇지 않습니다. 자기 기준에 제가 그 맞지 않는다고 여기는데, 또 그걸 분명하게 표현합니다. 고양이처럼 그렇게 상대를 '싸늘하게 무시'는 피조물은 해 아래 또 없지요! 때로 개―친하게 놀고 싶어서 다가오는 덩치 큰 복서 개―를 어찌나 싸늘한 눈초리로 쳐다보는지, 그 개가 거의 바닥 밑으로 기어들어 가더군요.

저는 제칠일안식교의 신조가 무엇인지 알 기회가 없었습니다. 일

전에 부인 나라에서 온 전기공학과 교수와 오랜 대화를 나눠 본 적은 있지만 말입니다. 제가 보기에 다니엘서에 나오는 예언들을 해석하려는 시도와 관련 깊은 것 같던데 글쎄요, 제게는 그리 유익한 시도로 보이지 않습니다. 그러나 그는 대단히 멋진 젊은 교수였고, 매우 상냥했으며, 참으로 진실했습니다. 물론 바보도 아니었지요.

늘 기도하고 있습니다!

Yours

Jack

모들린 칼리지,
케임브리지

26 Oct 62

친애하는 메리에게

저는 자선에 대한 부인 아버님의 원칙에 전적으로 동의한답니다. 죽음의 순간, 자신이 그간 아무리 많은 사기꾼들에게 '빨아 먹혔다'는 생각이 든다 해도 그리 괴로울 것 같지는 않습니다. 하지만 그간 곤경에 빠진 사람을 **한 사람이라도** 외면했다는 걸 알게 된다면 그건 정말 고통스럽겠지요. 아니, 양과 염소의 비유만 봐도 우리의 의무가 무엇인지 너무도 명확하지 않나요? 제가 받는 성가신 질문 가운데 하나는 "왜 그 사람에게 돈을 주었느냐? 가서 술 사 먹었을 텐데"라는 것입니다. 제 대답은 "하지만 그 돈을 주지 않고 내가 갖고 있었다면 아마 내가 술 사 먹었을 겁니다"라는 겁니다. 그 흑인 노인 이야기, 참 유쾌하네요. 저는 최근 *New Catholic Encyclopedia* 새 가톨릭 백과사전에 중세 로맨스 항목을 써 달라는 요청을 받았는데, *Catholic University Encyclopedia* 가톨릭대학 백과사전가 그것과 같은 건가요? (저는 응하지 못했답니다. 지금으로선 감당할 수 없는 일이거든요.) 그 작은 강아지가 죽었다니 유감이네요. 동물 창조는 정말 신비입니다. 우리는 사람의 고통에 대해선 어느 정도 이해해 보려는 시도를 해볼 수 있지요. 하지만 창세로부터 계속되고 있는 동물의 고통에 대해서는 (단순히 인간이 가하는 고통이 아니라 동물끼리 가하는 고통도 포함해서) 우리가 어떻게 생각해야 할까요?[76] 또한 진정한 목적과 운명에 대해 우리가 전혀 알지 못하는 창조물들과 그렇게 친밀한 관계를 갖도록 하나님이 인도하시는 것도 참 기이한 일이지요. 우리는 천사와 인간이 왜

---
[76] 참고. 루이스의 《고통의 문제》에서 "동물의 고통" 장을 참고하라.

창조되었는지 어느 정도 알고 있지요. 하지만 대체 벼룩은, 들개는 무엇을 위해 창조되었단 말입니까? 제칠일안식일교에 대해 부인이 들려주신 말씀, 대단히 흥미롭네요. 만일 그들이 정말 그렇게 자선에 열심이라면, 분명 거기 뭔가 있을 것 같습니다….

그리고 'wall can opener'가 무엇인가요? 말만 가지고 보면, 벽을 가지고 통조림을 여는 것이거나, 아니면 통조림을 가지고 벽을 여는 것일 텐데, 둘 다 참 특이하긴 합니다.

이제 다른 편지로 넘어가야겠습니다. 늘 기도한답니다.

Yours

Jack

모들린 칼리지,
케임브리지

8 Nov 62

친애하는 메리에게

... 명목상으로는 제 방이 따로 있고 제가 집주인인 게 맞지만, 집안일이 제가 원하는 방향으로 흘러가는 경우는 드물지요. 사실 우리 앞에는 두 가지 선택만이 있을 뿐입니다. 혼자 살거나 (그에 따르는 도덕적, 육체적 어려움과 위험들을 감수하면서) 아니면 함께 살면서 마찰과 좌절을 감수하거나 말이지요. 제게는 두 번째가, 최악의 경우라 해도 훨씬 나아 보입니다. 마음에 담아 두기만 했지 입으로 내뱉진 않은 심한 말들에 대해 장차 보상을 받게 되리라 희망해 봅니다! 하지만 어쩌지요, 우리가 **말로** 내뱉지 않더라도 생각하는 것 이상으로 많은 것들이 표정이나 태도나 목소리에 배어나지요. 애써 참으며 입을 다물고 있는 것도 상대를 몹시 약 올릴 수 있지요! 우리는 **다** 타락한 존재들이고, **다** 함께 살기에 대단히 어려운 사람들입니다....

수술이 필요 없다는 검사 결과가 나오기를 바랍니다.

Yours
Jack

더 킬른스

헤딩턴 쾌리,

옥스퍼드

26 Nov. 62

친애하는 메리에게

동물에 대한 말은 이미 오래전에 **고통의 문제**에 썼던 내용이랍니다. 거기서 저는 한번 이런 추측―정말 추측일 뿐입니다―을 해보았었지요. 우리가 그리스도 **안에서** 부활하듯 어떤 동물들은 우리 **안에서** 부활하지 않겠냐고요. 아니, 창조된 무생물도 많은 부분 이 세상에서 그 아름다움을 받아들인 구원받은 영혼들 **안에서** 부활할지, 사실 누가 알겠습니까? "새 하늘과 새 땅"이 이루어지는 건 바로 이런 식인지도 모릅니다. 물론 추측일 뿐이지만, 저는 '몸의 부활'을 진지하게 여기기에 생기는 특별한 추측이라고 믿습니다. 요즘은 그 교리의 중요성을 아는 신자들이 거의 없는데, 정말 크나큰 손실이 아닐 수 없습니다. 부인과 저는 몸을 가졌다고 해서 이제 기뻐할 이유가 그리 많지 않지요! 우리 몸은 이제 낡아빠진 자동차 같지 않나요? 온갖 부품이 계속 고장을 일으키고 있는데, 결국 이 기계가 이제는 많이 낡았다는 걸 뜻하지요. 사실 이 기계는 영원히 지속시키려 만든 게 아닙니다. 하지만 이 털털거리는 고물차에 저는 여전히 정감이 느껴집니다. 하나님은 색깔과 소리와 냄새와 크기에 구현된 그분의 미적 측면을 그것을 통해 보여 주셨거든요. 물론 내 몸이 저를 탈선시킨 적도 있었습니다. 하지만 사실 그런 일은 제 영혼이 **그것을** 탈선시킨 경우에 비하면 절반도 되지 않는 것 같습니다. 우리가 악마들과 공유하는 영적인 악(교만, 악독함)이 우리가 짐승들과 공유하는 것보다 훨씬 더 나쁘기 때문이지요. 그리고 육욕은 사실 육체적 욕망보다는 상상력에서 더 많이 생긴다고 봅니다. 육체적 욕망은 그저 동물적 힘에만 맡기고 우리의 상상력에 의해 정교화되지만 않는다면, 우리가 상당히 쉽게 다룰 수 있다고 봅니다. 하지만 계속 나가다가는 설교가 되겠네요!

                Yours
                Jack

더 킬른스

헤딩턴 콰리

옥스퍼드

10 Dec 62

친애하는 메리에게

보내 주신 편지와 동봉하신 그 재미있는 것, 감사드립니다. 그런데 '마그나카르타 뱃지'는 **대체** 뭔가요? 제게는 상당히 새로운 것이네요. 유서 깊은 혈통이라는 것은 (저는 그런 혈통이 전혀 아니랍니다) 우리가 가볍게 여기기만 한다면 얼마든지 즐겨도 무방하다고 생각합니다. 아마추어 연극 같은 데서 쓰는 번쩍거리는 왕관처럼 말입니다! 그런 번쩍거리는 왕관이 자기 품위를 **떨어뜨린다고** 하면, 그것을 진짜 금관으로 착각하는 편집증 환자 못지않게 문제 있는 사람일 겁니다. 이는 혈통뿐 아니라 미모나 재능이나 명성 같은 것도 마찬가지입니다. (혈통의 권리에 반대하는 소위 '민주주의적' 정서는 사실 상당 부분 돈의 권리를 가장 중요한 것으로 만들려는 욕망에 기초한 것이지요. 사람들을 구분 짓는 기준에서 돈이 가장 저급한데 말이죠.)

부인 편지를 읽어 보니, 반가운 말씀도 많네요. 필요한 도움을 받아들일 때는 반드시 잘못된 수치심을 극복해야 합니다. 사실 우리는 지금껏 **한 번도** '독립적'이었던 적이 없답니다. 늘 이러저런 방식으로 다른 이들에게 경제적으로, 지적으로, 영적으로 의존해 살고 있지요. 따지자면 '사적 수입'을 가진 사람만큼 **덜** 독립적인 사람이 누가 있겠습니까? 한 푼 한 푼을 타인의 기술과 노동으로 벌었으니까요. 가난은 그저 우리 모두가 늘 처해 있는 그 무력한 의존성의 상태를 **드러내 줄** 뿐입니다. 우리는 다 서로 지체들이지요. 그 사실을 인정하든 안정하지 않든 상관없이 말입니다.

저는 아주 잘 지내고 있습니다. 요즘 주된 어려움은 밤에 잠자기 어렵고 낮에 깨어 있기 어렵다는 것인데, 아마 야행성 동물로 변하려나 봅니다. 박쥐가 될까요? 아니면 늑대? 혹은 부엉이? 부엉이였으면 좋겠습니다. 지혜의 새이니까요. (그리고 전 늘 쥐에 끌렸답니다!)

Yours
Jack

더 킬른스,

헤딩턴 쾨리,

옥스퍼드.

2 Jan 63

친애하는 메리에게

....외모에 대한 건은—어떤가요? 대부분의 여자는 남자의 **미**를 전혀 높이 평가하지 않지 않나요? 제 경험으로는, 여자는 오히려 그걸 불신하고 싫어하는 것 같던데요. 여기는 지금 거의 100년을 통틀어 미국의 겨울과 가장 비슷한 날씨인데, 거의 준비가 되어 있지 않아서 (여긴 중앙난방이 되는 곳이나 제설도구 등이 거의 없지요) 타격이 무척 큽니다. 눈이 녹지 않는다면 아마 일주일 안에 물자 부족 사태가 벌어질 수도 있을 것 같습니다. 게다가 처리해야 할 산더미 같은 크리스마스 우편물—매해 더 높아져 갑니다—도 있어서, 지금 우리는 전혀 명절 같지 않은 데다가 대단히 가라앉은 기분이랍니다! 올 1963년은 우리 모두에게 더 나은 해가 되기를 희망합시다!

Yours

Jack

더 킬른스

8 Jan '63

친애하는 메리에게

방에서 '해야만 한다'는 그 일은, 모르긴 몰라도 **꼭** 해야만 하는 건 아닐 거라고 생각합니다. 정말 꼭 해야 하는 일이란 그리 많지 않은 법이니까요. 얼마 전 심장 문제로 하룻밤 고생한 적이 있는데—부인만큼 심하진 않았습니다. 호흡곤란이 있었을 뿐 고통은 아니었거든요—그 후 의사가 계단 오르내리는 횟수를 엄격히 제한했고, 현재 그 지시에 잘 따르고 있답니다. 불편하기가 이루 말할 수 없지만, 참을 수 있고 또 참아야만 하지요. 부인께서 그 '일들'을 하지 않고 그냥 내버려 둔다고 한들, 좀 불편한 것 외에 뭐가 있겠습니까? '일들'보다는 이제 부인 자신에 더 마음 쓰시기 바랍니다!

여긴 여전히 눈 더미에 발이 묶여 있답니다.

Yours

Jack

더 킬른스

26/1/63

친애하는 메리에게

제가 그런 결혼 파티에 참석했더라면 거의 초주검이 되었겠는데요! 부인께도 좋지 않았을 것 같아 염려되네요. 저 역시 매일 고생스런 밤을 보내고 있답니다. 그러고 보니, 한밤중에 깨어 있을 때 가장 좋은 진정제는 다름 아니라 **먹을 것**이더군요. 부인도 침대 옆 테이블에 비스킷을 몇 개 두고 잠자리에 들어 보세요. 저는 일주일 전 색다른 밤을 보냈답니다. 새벽 1시30분쯤 뭔가 몸에 이상이 생겨 (위험한 상황은 아니었고 다만 통증이 조금 있었지요) 구급차를 불렀습니다. 그런데 진입로에 쌓인 눈 때문에 차가 들어올 수 없는 상황이라 저는 밖으로 걸어 나가 길가에서 구급차를 기다릴 수밖에 없었지요. 2시부터 2시 반까지 그렇게 기다렸는데, **새벽 경치**는 참 좋았습니다. 둥근 달이 눈 위를 비취고 있었죠. 하지만 어찌나 추운지 귀가 얼어서 떨어져 나가는 줄 알았습니다! 6시 정각쯤 다시 집으로 돌아왔답니다. 부인의 그 친구분은 《고통의 문제》를 미국에서 보급판으로 구하실 수 있습니다. 요즘 편지들이 무시무시할 만큼 쇄도하고 있네요. 아마 눈 때문에 집밖으로 나오지 못하자 사람들이 편지 쓰기에 열중하고 있는 것 같네요! 서둘러 몇 자 적습니다.

Yours

Jack

모들린 칼리지,
케임브리지

8 Feb 63

친애하는 메리에게

손 수에즈Son Suez의 반응이 제겐 그리 놀랍지 않네요. 그 불가해한 억류와 유랑과 구금이 실은 선의 때문이란 걸 그 고양이 녀석이 어떻게 알겠습니까? 이는 **우리에게** 일어나는 모든 기이하고 무서운 일이 실은 우리의 유익을 위한 것이라는, 위안이 되는 말을 생각나게 해 주네요. 물론 익히 들어 알고 있는 말이긴 합니다만, 그 고양이의 경우에 비추어 반대 입장에서 생각해 보니 다시금 새롭게 와 닿네요.

여긴 여전히 눈이 내리고 있답니다!

Yours
Jack

더 킬른스,
헤딩턴 쾌리,
옥스퍼드

19 March 63

친애하는 메리에게

고통이 심한 병일지 모른다는 무서운 말을 들으셨다니 안타깝네요. 그보다는 '[생명이] 위태롭다'는 편이 훨씬 낫지 않나요? 이제 그만 퇴장하는 것 말고 부인과 제가 할 일이 또 무엇이 있겠습니까? 여러 달 전, 제 생명이 위태롭다는 말을 들었던 때를 돌이켜 보면 그때는 그리 마음이 괴롭지 않았습니다. 물론 지금 저는 **죽는 것**을 말하는 것이지요. **죽임을 당하는** 것이 아니라 말입니다. 만약 지금 저희 집 주위로 포탄이 마구 떨어진다면 제 감정은 상당히 달라질 겁니다. 외적인, 눈에 보이는, (보다 나쁜 경우로서) 귀에 들리는 위험은 즉시 우리의 자기 보존 본능을 일깨워 격한 행동을 하게 만들지요. 저는 자연적 죽음에 그런 공포가 있을 것이라고는 생각하지 않습니다. 손 수에즈가 스웨터를 입었다고 하셨는데, 대단히 흥미롭네요! 한 미국 여성 단체가 '품위를 위해' 동물들도 옷을 갖춰 입도록 해야 한다며 대통령에게 대책을 요구한다던데 (여기 신문들에 많이 나온답니다) 혹 이것도 그런 것의 일환인가요? 정말 그게 사실입니까? 그렇다면 얼마나 얼빠진 짓이며 (모든 지나친 세련이 다 그렇듯) 얼마나 비열한 태도인가요! 하지만 참 재미있는 일이기도 합니다! 코끼리는 이미 바지를 입고 있는 것처럼 보이는데, 그 바지가 참 헐렁해 보이지요. 아마 **멜빵**이 필요하겠네요. 코뿔소는 자기 몸에 너무 큰 옷을 입고 있는 듯 보이는데, 그 옷을 '줄여 줄' 수 있을까요? 기린은 무슨 종류의 칼라collars를 착용해야 할까요? 바다표범 같으면 평상복을 입어야 할까요, 수영복을 입어야 할까요? 고슴도치의 셔츠는 너무 빨리

헤어지겠죠? 뭐, 이런 생각들이 드네요. 제가 구급차를 기다리며 밖에 서 있었던 건 약 180미터나 되는 진입로에 눈이 너무 많이 쌓여 있어서 차가 들어올 수 없었기 때문이랍니다. 부인 계신 곳은 여기보다 훨씬 혹한의 겨울이 잦겠지만, 아무 준비가 되어 있지 않은 나라에 그런 겨울이 올 때 어떤 일이 벌어지는지 상상이 잘 안 가실 겁니다. 혹한 때문에 몸에 해를 입거나 하진 않았습니다. 제 경험으로 볼 때, 감기와 기침은 추위에 노출되어서가 아니라 감염 때문인 경우가 훨씬 많은 것 같더라고요. 네, 사적인 성찬은 (저도 조이가 죽기 전 마지막 며칠 동안 여러 차례 가져봤는데) 형언할 수 없으리만치 감동적이지요. 교회에서 하는 것보다 더 좋아하게 될까 걱정될 정도입니다.

축복하며, 위하여 기도합니다.

Yours

Jack

더 킬른스

22 April 63

친애하는 메리에게

아니 대체, 다 늙은 남자가 다 늙은 여자에게, 이제 우리는 이 땅에서 할 일이 많지 않다고 했을 뿐인데 그것이 어째서 '쓰라리다'는 건가요? 저는 어떤 원망이나 절망도 없습니다. 다만 너무도 분명한 현실을 지적한 것뿐이며, 그 현실이 조금도 쓰라리거나 당혹스럽다고는 여기지 않는답니다. 부인은 그렇지 않으신가요? 〈푸른 목장 Green Pastures〉이라는 (훌륭한) 영화를 보면 꽃들이 모두 "안녕하세요, 좋은 아침입니다. 주님!" 하고 인사하지 않던가요? 기도에 대한 원고를 막 탈고했답니다.[77] 그런데 과연 도움이 되는 책일지는 잘 모르겠네요.

부인께선 여전히 새 옷을 좋아하실 수 있으시다니 기쁩니다. 저는 여전히 새 옷을 **싫어할** 수 있답니다.

서둘러 몇 자 적습니다.

Yours
Jack

---

[77] 《개인 기도 Letters to Malcolm》를 가리킨다.

더 킬른스

19 May 63

친애하는 메리에게

그렇게 많은 비용이 들었다니 안되었네요. 부인께 평소보다 조금 더 보내도록 하코트 브레이스 Harcourt Brace 출판사에 말해 두었습니다. 차분히 편지 쓸 시간이 없네요. 지금 제 형님이 아프답니다. 때마침 편지가 평소보다 훨씬 더 많이 몰려오고 있네요.

Yours

Jack

모들린 칼리지,
케임브리지

10 June 63

친애하는 메리에게

극심한 고통과 여러 어려움들을 겪으셨다니 정말 안되었습니다. 그간 우리나라의 '복지 국가' 정책에 대해 비판해 왔는데, 부인 이야기를 듣고 나니 다 취소해야겠네요. 적어도 그 정책은 모두에게 무상 치료를 제공해 주니까요. 하나님의 뜻은 정말이지 알기 어려운 것 같습니다. 부인이 겪고 계신 고통을 봐도 그렇고, 또 지금 같은 시기에 그 교황을[78] 데려가신 것을 봐도 그렇고 말입니다. 두 경우 모두, 지극히 편협한 이들은 지극히 혐오스런 결론들을 이끌어 내겠지요. 형님은 지금 멀리 아일랜드에 가 있답니다.... 그래서 싫지만 혼자 지내야 하는 데다, 제 손으로 해야 할 일들도 많아졌지요. 하나님의 도우심을 구합니다.

Yours

Jack

---

[78] 교황 요한 23세를 가리킴(제2차 바티칸 공의회를 소집한 교황이었으나 공의회가 끝나기 전인 1963년 6월 3일 서거했다). ⓘ

모들린 칼리지,
케임브리지

17 June 63

친애하는 메리에게

참 어이없는 일이네요. 의사가 방문을 거부했다니. 우리나라였다면 형사소추를 받을 일입니다.

고통은 끔찍하지요. 하지만 거기다가 두려움까지 보태실 필요는 없겠지요? 죽음을 친구로, 구원자로 보실 순 없을까요? 죽음이란 그간 부인을 괴롭히던 몸이 이제 벗겨져 나간다는 뜻입니다. 불편하기 그지없는 옷을 벗어 던지는 것이나 지하 감옥에서 벗어나는 것 같은 것이지요. 그러니 두려워할 것이 무엇이겠습니까? 오랫동안 부인께선 기독교인의 삶을 살고자 애써 오셨습니다. (사실 누구나 시도만 해보지요.) 부인께서는 죄를 고백하셨고 죄사함도 받으셨습니다. 그런데 떠나시기가 그렇게 아쉬울 정도로 이 세상이 부인께 따뜻한 곳이었던가요? 놔두고 가는 것보다 훨씬 좋은 것들이 우리 앞에서 기다리고 있답니다.

기억하세요. 우리는 어떤 것을 두려워하기 때문에 그것과 씨름하기도 하지만, 실은 반대로 어떤 것과 씨름하기에 그것을 두려워하게 되는 경우도 많답니다. 부인께선 지금 씨름하고 계시나요? 저항하고 계시나요? 우리 주님께서 이렇게 말씀하시는 것 같지 않나요? "평안하라, 아이야, 평안하라. 마음을 놓거라. 다 놓거라. 내 영원한 팔이 널 받치고 있단다. 다 놓거라. 내가 너를 붙들 것이다. 나를 그리 신뢰하지 못하겠느냐?"

네, 맞습니다. 이번이 끝이 아닐 수도 있지요. 그렇다면 이번을 좋은 연습으로 삼으시기 바랍니다.

Yours (and like you a tired
traveller, near the journey's end)[79]
Jack

---
[79] 부인처럼 여정의 끝에 가까이 온 지친 여행자. ⓔ

더 킬른스

헤딩턴 쾌리,

옥스퍼드

25 June 63

친애하는 메리에게

겪으신 고통 이야기에 섬뜩할 정도로 놀랐지만, 죽음에 대한 부인의 태도에 복된 변화가 일어난 것을 보고 이루 말할 수 없는 기쁨을 느낍니다. 아마 부인이 생각하시는 것보다 훨씬 더 커다란 진전일 겁니다. 사실 지금까지 부인께서는 그 주제에 대해 적잖이 잘못된 생각을 가지고 계셨거든요. 몇 달 전에도 제가 우리같이 나이든 사람들은 인생에서 잘 퇴장하는 것 말고 그다지 할 일이 많지 않다는 말씀을 드리자, 부인께서는 제 말을 '쓰라린' 마음에서 나온 말로 오해하시고서는 제게 거의 화를 내다시피 하셨지요. 감사하게도, 이제 부인께서는 그것이 쓰라린 마음에서 나온 말이 아니었다는 것, 다만 명백한 상식 차원의 말이라는 걸 이해하시게 되었습니다. 예, 저도 왜 그렇게 의사들이 오래 늦출 수도 없는 것을 늦추려고 사람들에게 고문을 가하는지 이해가 가지 않습니다. 아니, 왜 하나님이 그렇게 하시는지도 말입니다! 아마도 비록 연약한 힘으로나마 부인께서 하실 일이 여전히 남아 있기 때문이 아닐까요? 이제 자신이 용서받았음을 알게 되신 부인께서, **용서하는** 데 남은 힘을 집중하셨으면 하는 마음입니다. 그 오래된 원한들을 그리스도의 상처 입으신 발 아래 내려놓으세요. 지난 2년간 수십 차례 수혈을 받아 본 저는 혈관을 찾느라 이리저리 쑤셔 대는 그 끔찍한—게다가 **너무도 긴**—순간들을 잘 알고 있습니다. 마침내 찾아냈구나 하는 생각이 들다가도 바로 다음 순간 그게 아니라는 걸 알게 되지요. (여기서 한 알레고리를 볼 수 없을까요? 우리를 향해 다가오는 은혜의 접근에 때로 우리가 상처를 받는 이유는, 우리 안의 영적 혈관이 자꾸 그 천상의 의사를 피해 숨기 때문이 아닐까요?) 아, 깨어나 보니 여전히 자신이 문 바깥에 서 있다는 걸 발견하신 부인께 깊은 동정의 마음을 느낍니다![80] 생각해 보면, 나사로는 참 가여운 사람이지 않습니까? 죽음의 과정을 다 밟았던 그가 다시 되돌아와, 아마 수년 뒤 또다시 그 과정을 밟아야 했던 건 분명 끔찍한 일이었겠지요! 최초의 순교자로 기억되어야 할 사람은 성 스데반이 아니라 나사로라는 생각도 해봅니다.

부인을 위해 그저 적은 일을 했을 뿐인데 과찬이시네요. 부인은 앞으로 제게 천 배로 갚아 주실 겁니다. 만일 이것이 정말 작별인 **사라면**, 부인께선 더 나은 곳에 가셔서 분명 저를 잊지 않으실 거니까요. 이따금씩 저에 대해 잘 말씀드려 주실 수 있겠지요? 장차 우리가 다시 만나게 되면 정말 신날 겁니다.

Yours

Jack

---

[80] 루이스 자신도 이 편지 후 한 달이 조금 더 지났을 때, 죽음의 찬란한 문 앞에서 들어가지 못하고 되돌아오는 경험을 하게 된다. 7월 27일과 8월 10일 편지를 보라.

더 킬른스

Fri. 28 June 63

친애하는 메리에게

재작년 겨울 저도 빈혈 때문에 목숨이 위태로웠던 적이 있었지만, 부인에 비하면 사소한 것이었지요. 제 생각에, 정신쇠약과 전신 무력증에 대처하는 가장 좋은 길은 그것을 그냥 온전히 받아들이는 겁니다. 정신을 집중하려고 **애쓰지** 마세요. 대신, 자신이 마치 겨울잠쥐나 심지어 순무가 되어버린 것처럼 여기세요. 물론 무력증은 여자보다 남자가 받아들이기 훨씬 쉽다는 것을 압니다. 남자는 천성적으로 게으르니까요. 자신을 땅속에서 인내하며 기다리고 있는 씨앗이라고 생각해 보세요. 정원사가 정한 때에 꽃으로 피어나기를, **진짜** 세상 속으로 올라가기를, 진짜 깨어나기를 기다리고 있는 씨앗 말이에요. 돌이켜 보면, 이 현세의 삶은 비몽사몽간의 나른한 느낌일 거라고 생각합니다. 지금 우리는 꿈나라에 살고 있는 것이지요. 하지만 새벽이 다가오고 있습니다. 이 편지를 쓰기 시작한 순간보다 지금 더 가까이 다가와 있습니다.

Yours

Jack

더 킬른스

6 July 63

친애하는 메리에게

...아십니까? 몇 주 전에야 비로소 저는, 제 어린 시절을 그렇게 암울하게 만들었던 그 잔인한 선생님을 마침내 **용서했다**는 걸 문득 깨달았답니다. 물론 오랫동안 노력해 왔지요. 하지만 부인처럼, 용서했다는 생각이 들었다가도 매번 일주일 정도 시간이 지나고 보면, 그게 아니더라고요. 처음부터 다시 시작해야 했지요. 하지만 이번에는 정말 진짜라는 확신이 듭니다. 그리고 (수영이나 자전거를 배울 때처럼) 마침내 해낸 순간이 오자, 아니 이렇게 쉬운 걸 그간 대체 왜 그렇게 오랫동안 못했을까 하는 생각이 듭니다. 불의한 재판관의 비유에서처럼, 수년간 간청해도 얻지 못했던 것을 갑자기 얻게 된 것이지요. 그리고 이제 "네가 용서하면 너도 용서받을 것이다"는 말씀도 예전과 많이 다른 시각으로 보게 되었습니다. 일종의 거래처럼 들릴 수 있는 말씀이지만, 사실은 그렇지 않다고 믿습니다. 사실 알고 보면, 용서하는 것과 용서받는 것은 서로 같은 것이지요. 하지만 끊임없이 노력하는 중에 있는 사람은 안전하다고 생각합니다.

요즘 하루하루가 또 매시간이 참 길게 느껴지지요? 부인과 비교하면 꽃길만 걸어온 저도 조금 그렇게 느낍니다. 요즘 저는 거의 혼자 지내고 있는데, 밤에는 잘 자지 못하고 (불쾌한 꿈을 자주 꾸고), 낮에는 계속 꾸벅꾸벅 졸고 있답니다. 정신이 쇠약해지고 있다는 느낌이 자주 듭니다. 하지만 또 다른 기분일 때 보면, 우리의 과거 삶 전체가 얼마나 **짧게** 보이는지요!

여긴 비가 많이 쏟아지는 습한 여름이고, 또 춥습니다. 태양을 마지막으로 본 게 언제였던가 싶습니다.

네, 조만간 우리는 이런 데서 벗어날 겁니다. 이런 시구도 있지요.

아무리 지친 강도

굽이쳐 결국 바다로 흘러 들어가지.[81]

서로를 위해 많이 기도합시다.

Yours

Jack

---

[81] even the weariest river
Winds somewhere safe to sea
영국 시인 스윈번(Algernon Charles Swinburne; 1837-1909)의 시 "The Garden of Proserpine"에 나오는 시구. ⓘ

더 킬른스

9 July 63

친애하는 메리에게

일반적인 의학적 의미로는 분명 대단히 '좋은' 소식인데 부인께서는 왜 복잡한 심경이셨는지 저는 잘 이해할 수 있습니다. 그 의사를 생각하면 심기가 좀 불편하시지요? 하지만 생화학에 대해 아무 지식이 없고, 아무리 설명해 주어도 제대로 이해할 가능성도 없는 100명의 생화학 환자들에게 그들의 상태에 대해 세세하게 설명해 주는 건 그리 재미있을 수 없겠지요. 저는 제 상태에 대해 아주 개괄적인 설명을 듣는 정도로 만족하고, 기꺼이 설명의 노고를 면제시켜 준답니다. 사실 제게도 너무 지루한 주제거든요. 또 부인의 의사들을 보면 (여기 의사들처럼) 정말 심하게 과로하고 있지 않나요? 입원해 있었을 때 보니까, 제 전문의는 아침 8시 반에 하루 일과를 시작해서는 밤 9시 45분까지도 계속 일하고 있더군요. 여유가 많을 수 없지요.

그건 그렇고, 부인의 심장과 제 심장은 분명 다른 것 같네요. 부인께서는 상태가 나빠지면 납작 누워 계셔야 하지요. 저는 상태가 나빠지면 일어나 앉아 있어야 한답니다. 밤낮으로 몇 달 동안 말이에요.

부인께서 퇴원하실 때쯤 저는 입원할 것 같습니다. 발목이 부어오르는 현상—제게는 적색 신호지요—이 다시 나타났거든요. 이 일로 내일 진료를 받으러 갑니다. 월요일에 아일랜드 여행을 가기로 계획했는데, 허락을 못 받고 다시 병실에 갇힐까 봐 두렵네요. 누구 기차가 제일 빨리 출발하나, 친구들과 내기하려고 했는데 말입니다! 복을 빕니다.

Yours

Jack

더 킬른스,

헤딩턴 콰리,

옥스퍼드

16th July 63

친애하는 메리에게

전 오늘 오후 입원한답니다. 제 상태에 무슨 갑작스런 변화가 생길 개연성은 매우 낮다고 봅니다. 이전에 반복된 수혈을 통해 위험한 고비를 넘겼던 적이 있지만, 의사가 기대했던 것보다 훨씬 시간이 오래 걸렸지요. 이번에는 시간이 더 오래 걸리거나, 어쩌면 아예 실패하게 될 가능성도 있습니다. 지금 어찌나 졸음이 쏟아지고 피곤한지, 별로 걱정도 되지 않네요. 집중력 잃는 걸 가장 싫어하는데 말이에요. 부인 편지도 읽다가 세 번이나 잠들었고, 또 말씀을 이해하기 너무 힘들었답니다! 제게서 더 이상 많은 걸 기대하지 마세요. 차라리 술 취한 사람에게서 헤겔에 대한 강의를 기대하는 편이 나을 겁니다.

Yours

Jack

27 July 1963

옥스퍼드
아클랜드 요양원에서

친애하는 메리에게

잭이 제게, 손가락 근육의 경련과 실룩거림 때문에 부인께 손수 편지 쓰는 것이 육체적으로 불가능하다는 말씀을 드려 달라고 부탁했답니다. 위독한 상태라 교수님의 정신력도 많이 흩뜨려졌고, 환각 현상을 자주 경험하고 계십니다. 유감스럽지만, 편지로 큰 위안을 주고받던 일은 이제 계속하기 어려워 보이네요. 한 가지 기이하고도 감사한 건, 그런 위로들이 박탈되었음에도 그다지 고통스럽지는 않네요. 지금 육체적 고통은 없습니다. 다만 심한 무력증과 모든 것이 엉터리처럼 느껴지는 기분이 좀 있지만요.
은총을 빕니다.

Yours
Jack[82]

---

[82] 이 편지는 월터 후퍼(Walter Hooper)의 필체로 되어 있다. 그의 설명에 따르면, 두 개의 목소리가 등장하는 까닭은 구술이 잠시 끊기는 일이 있었고, 또 오류를 발견하지 못한 채 편지를 붙였기 때문이다.

10 August 1963,

더 킬른스, 킬른 레인,

헤딩턴 쾌리,

옥스퍼드.

친애하는 셸번 부인께,

저는 C. S. 루이스 교수님의 비서입니다. 부인께 루이스 교수님의 현재 건강 상태에 대해 몇 가지 알려드리고자 이렇게 편지를 드립니다. 부인께는 꼭 알려 드려야 한다는 교수님의 말씀이 있었기 때문입니다. 어쩔 수 없이 제가 교수님 대신 이렇게 편지 드리는 점, 이해해 주시리라 믿습니다.

7월 둘째 주, 루이스 교수님의 병이 재발했습니다. 7월 15일, 교수님은 아클랜드 요양원에 입원하셨습니다. 그날 자정이 되기까지 몇 시간 동안 심장 발작을 일으켰는데, 의사들은 교수님이 회복하기 어려울 것이라 보았습니다. 교수님은 산소 마스크로 호흡을 유지하면서 거의 24시간 동안 혼수상태로 누워 계셨습니다. 성례를 받으실 수 없는 상태셨기에, 사제가 와서 종부성사Extreme Unction를 행하였습니다(7월 16일 오후 2시). 의료진의 예상과 달리 교수님은 (7월 16일) 오후 3시에 다시 의식을 되찾으셨고, 깨어나서는 차를 한 잔 달라고 하셨습니다. 그 후 이틀간 조금 호전되었지만, 여전히 위독한 상태였습니다. 그다음에는 몽상이나 환영을 보고, 정신이 오락가락하는 등 '암흑기'가 뒤따랐습니다. 이렇듯 교수님께서는 현재 도저히 서신 교환을 감당하실 수 없는 상태이십니다.

요양원에 입원하신 지 셋째 주가 되자, 루이스 교수님께서는 매우 느리게나마 이성적 기능을 되찾으셨고, 체력은 아주 느리게 회복되셨습니다. 지난 화요일(8월 6일), 교수님은 퇴원을 허락받으셨는데, 물론 간호사가 수행하는 조건이었습니다. 지금은 더 킬른스에서 편하게 쉬고 계시지만, 아직 편지를 쓰시거나 손님을 맞으실 수 있는 상태는 아닙니다. 교수님께서는 안타까워하시면서도 대학을 사랑하는 마음에서 케임브리지 대학 교수 직을 사임하셨습니다.

루이스 교수님은 부인의 편지에 (아마 앞으로도 오랫동안) 답하지 못하셔서 안타까워하고 계십니다. 부인을 많이 염려하고 계시며, 현재 일과 앞으로 있을 일에 부인께서 용기를 갖고 임하시길 위하여 기도하고 계십니다.

저 역시 기도드리며, 사랑을 전해 드립니다.

Yours faithfully,
Walter Hooper

더 킬른스 etc

30 Aug 63

친애하는 메리에게

27일자 편지 감사합니다. 저는 꽤 편안한 상태이지만, 아주 쉽게 지친답니다. 형님이 지금도 멀리 있어서 제 손으로 편지를 다 써야 한답니다. 그러니 제가 보내는 편지 횟수가 아주 적고 길이도 대단히 짧을 것임을 알고 계세요. 편지는 짧지만 손은 크게 흔들어 봅니다.

Yours

Jack

발행인의 말

루이스의 편지 쓰기[1]

많은 독자가 탁월한 기독교 변증가요 위대한 작가, 또는 영문학자와 비평가'로서 C. S. 루이스는 잘 알고 있지만, 방대한 양의 편지를 쓴 '서신 작가'letter writer로의 그의 면면은 별로 의식하지 못하고 있는 것 같다. 루이스의 편지를 모은 세 권짜리 서간집에는 편지가 대략 3,700통이나 실려 있다. 루이스를 연구한 조엘 헥Joel Heck에 따르면, 그는 평생 대략 3만 통의 편지를 쓴 것으로 보인다(그의 형 워렌이 타이핑한 것만 12,000통이 넘는다). 루이스는 이미 1947년부터 아침마다 편지를 쓰는 데 한두 시간씩 시간을 할애해야 했다. 2주간의 휴가를 다녀왔더니 60통의 편지가 그를 기다리고 있었다거나, 휴가 다녀와서 그간에 쌓인 편지에 답장하는 데 9시간이 걸렸다는 기록도 있다.

---

[1] 루이스의 편지 쓰기에 대해서는 루이스의 서간집 서문들 외에 다음의 글들이 도움이 된다. Brenton Dickieson, "A Statistical Look at C.S. Lewis' Letter Writing," *A Pilgrim in Narnia*, 2013년, 5월 23일, https://apilgriminnarnia.com/2013/05/23/statistical-letter-writing/; Andrew Cuneo, "The Postman's Knock," *Christian History* (2005): 88, https://christianhistoryinstitute.org/magazine/article/postmans-knock; Joel Heck, "The Letters of CS Lewis," *Joel Heck's Lewis Site*, 2010년 2월 25일, http://www.joelheck.com/powerpoint-outlines.php.

단순한 팬레터는 그냥 무시할 법도 한데, 그는 받은 편지에 가능한 한 모두 답장하려고 애썼다. 관절염으로 펜대를 잡기 힘든 상황에서도, 비록 아주 짧은 답장이더라도 말이다. 그는 1955년에 『예기치 못한 기쁨』(홍성사, 2003, 208)에서 다음과 같이 말한다.

> 행복한 생활의 본질은 편지가 거의 오지 않아 우체부의 노크 소리를 무서워할 필요가 없다는 데 있다. 그 축복받은 시절에 나는 일주일에 단 두 통의 편지만 받아 답장을 썼다.

루이스에게 있어 편지를 쓰는 일은 하나의 섬김이자 돌봄이며 목회였다. 클라이드 킬비가 서문에서 언급했듯이, 루이스는 이것이 "주님께 겸손히 자신의 재능을 드리는 일"인 동시에 그의 저술 활동 못지않게 "성령이 하시는 일"이라고 믿었다. 그가 오늘날과 같은 이메일과 문자와 각종 SNS가 난무하는 시대를 살지 않은 천만다행이다. 만약 우리 시대를 살았다면 루이스는 과연 몇 권의 책이나 남길 수 있었을까?

'메리'에 관하여[2]

1967년 영어판이 미국 어드먼스Eerdmans 출판사에서 출간될 당시에는 편지 수신자의 요청에 따라 '메리'라는 이름으로만 공개되었다. 메리는 메리 윌리스 셸번Mary Willis Shelburne이었으며, 1895년 미국 조지아 애틀랜타에서 태어났다. 두 번 결혼하였으나 모두 남편과 사별했다. 1942년부터 독신으로 지내다 1975년에 사망하여 메릴랜드 실버 스프링에 묻혔다. 시인이자 비평가로 활동했

---

[2] 이 부분의 Mary에 대한 정보는 다음의 글을 주로 참고하여 작성했다. Crystal Hurd, "Ladies and the Letters: Lewis and His Female Correspondents," *Dr. Crystal Hurd Insights in C.S. Lewis and More*, 2013년 6월 26일, http://crystalhurd.com/ladies-and-the-letters-lewis-and-his-female-correspondents/.

으며, 미국 시 학회Poetry Society of America 회원이기도 했다. *Poet Lore, New York Times, Saturday Evening Post* 등에 그녀의 시가 실렸다. "Pluto meditates" (1938), "Devotee of grief" (1942) 등의 시를 썼으며, *Broken Pattern* (1951)이라는 시집을 출간했다.

한국어판이 나오기까지

1966년, 메리 윌리스 셸번은 152통의 편지(루이스가 145통, 워렌과 바필드, 후퍼가 각각 2통, 조이 루이스가 1통)를 미국 일리노이주에 있는 휘튼 대학 내 매리언 웨이드 센터Marion E. Wade Center에 기증했다.[3] 루이스가 51세였던 1950년부터 시작하여 1963년 루이스가 죽을 때까지 14년간 주고받은 이 서신들은 휘튼 대학의 교수이자 웨이드 센터 설립자인 클라이드 킬비가 138편으로 추린 후 편집하였다. 다음 해인 1967년 어드먼스 출판사에서 *Letters to an American Lady*라는 제목으로 출간되었다.

이후 여러 차례 다양한 표지로 갈아입으면서 많은 독자로부터 사랑을 받았으며, 마침내 한국어로는 2009년에 홍성사에서 출간되었다. 이번에 비아토르/알맹e에서 출간하는 한국어판은 역자와 내용 면에서 이전 홍성사 판과 동일하지만, 다시 편집하면서 이전 판의 오역도 일부 바로 잡았고, 영국인 저자가 쓴 편지 형태를 한국 독자들에게 최대한 살려서 전달하려고 노력했다.

이 책이 루이스 입문서로 좋은 이유

C. S. 루이스의 세계로 입문하려는 독자가 있다면, 그는 필시 주변에서 『순전한 기독교』나 『스크루테이프의 편지』, 『예기치 못한 기쁨』 혹은 『나니아 연대기』 중 한 권을 추천받게 될 것이다. 특

---

[3] Christopher W. Mitchell, "30th Anniversary of the Marion E. Wade Center," *VII* (1995): 12, https://www.wheaton.edu/media/wade-center/files/about-us/history/30thAnniversaryWadeWeb.pdf.

정 개인에게 보낸 편지 꾸러미를 루이스 입문서로 추천받는 경우는 거의 없을 것이다. 물론 위의 책들이 루이스의 세계로 들어가는 '하나의' 문 역할을 하는 것은 분명하다. 논리적이고 합리적인 변증가의 모습과 탁월한 상상력을 가진 루이스를 알게 되는 좋은 통로이니까. 그런데 여기에 색다른 문이 하나 더 있다. 그와의 인간적이고 인격적이고 사적인 만남으로 이끌어 줄 서신서가 그것이다. 루이스에 대한 전기나 입문서도 여럿 나와 있지만, 너무 진지하고 무거운 감이 없지 않다. 반면에 이 책은 신학이나 문학에 대한 배경지식을 필요로 하지 않아 가벼운 마음으로 펼쳐서 바로 읽을 수 있다. 그런 점에서 루이스라는 한 인간을 만나는 데 최적의 책이라 말하고 싶다.

루이스 말년의 농염한 생각이 짧은 서신들에 잘 녹아 있으면서도 지루하지 않은 분량에다 종종 이웃과 수다를 떠는 그의 아재 같은 대화도 엿들을 수 있다. 초기의 다소 심심해 보이는 두 사람의 관계가 시간이 지날수록 깊은 우정의 관계로 진전되면서 독자 또한 개인적으로 더 친밀감을 느끼게 될 것이다. 행정 업무와 저술과 건강을 위해 편지 쓰는 비중을 줄이라는 주변의 눈치에도 아랑곳하지 않고 끊임없이 답장을 쓰기 위해 분투하는 모습, 그의 개인적인 취미와 소소한 일상과 염려들, 매일 상대를 위해 기도하면서 또한 기도를 요청하는 모습… 이런 루이스를 보면서 위대한 저자로 만나기 이전에 한 인간으로서, 이미 이 세상을 떠나서 개인적으로는 알 수 없는 루이스를 이렇게 내밀하게 알게 되는 것은 정말 흥미로운 일이다. 그런 점에서 이 책은 루이스의 세계로 안내하는 '나니아의 옷장' 같은 포탈portal 역할을 하는 작고 요긴한 책이다.

우리(김도완, 맹호성)의 친구이자 루이스 마니아이기도 한 CBS 신동주 피디는 원고를 읽고 이런 피드백을 보내왔다.

편지는 정말 무언가 다른 걸(!) 우리에게 준다는 것을 금방 알 수 있었어요.
바로 본론으로 들어가서, 꼭 전하고 싶은 말을, 무게 잡지 않고 하는 말을 듣는데,
이런 솔직함, 겸손, 단순함에서 깊은 감동을 받았어요.
루이스의 일반 신앙서적이 주지 않는 독특한 장점이 확실히 있네요!

이 책은 이렇게

앞에서도 밝혔듯이, 이 책은 가급적 루이스의 편지 느낌을 독자에게 전달하려고 애썼다. 편지가 쓰인 일자와 상황은 각각 다르고, 그래서 쓸 때마다 바뀌는 주소와 형식, 다양한 날짜 표기 방식을 그대로 살렸다. 한 문단이 너무 길어도 루이스가 편지를 그렇게 썼다는 것을 보여 주기 위해 문단을 나누지도 않았다. 편지를 읽어 나가다 보면 자연스럽게 이해할 수 있는 것은 성급하게 각주로 일일이 설명하지 않았다.

평생 한 번도 만난 적이 없는 두 사람이 문자, 카톡, 메신저, 이메일이 없던 시절에 편지를 한 번 보내면 최소한 며칠씩 걸리고, 잘 도착했는지 수신 확인도 안 되는 시대의 편지 교환이 어떠했을지를 상상하면서 이 책을 보면 재미가 더해질 것이다. 답장이 도착하지 않아 속을 태우면서도 바로 확인할 수도 없는 상황, 이해가 되질 않아 되묻고 확인하고 오해를 풀어가는 과정, 서로 신뢰가 쌓이면서 어느 시점에 편하게 이름을 부르는 사이가 된 관계, 처음에는 당면한 어려움과 표면적 대화로 채워지다가 조금씩 삶의 기쁨과 고통을 함께 나누는 친구가 되어 가는 모습을 지켜보는 것은 특별한 경험을 제공한다.

끝으로, 루이스는 답장을 보내고 받은 편지는 모두 휴지통에 버렸다. 메리가 루이스에게 보낸 편지는 없는 이유다. 그러니 루이스의 편지를 읽으면서 메리는 루이스에게 뭐라고 편지를 썼을

지 상상하면서 읽어 보시길 권한다.

2021년 7월 14일

비아토르 대표 김도완

알맹e/알맹4U 대표 김진실, 맹호성 씀

Oct 9th 54   MAGDALEN COLLEGE,
                           OXFORD.

Dear Mary —————— Thanks for yr. letter of the 6th., enclosing poem which I enjoyed. Fairies — the people of the Shidhe (pronounced Shee) — are still believed in in many parts of Ireland and greatly feared. I stayed at a lonely bungalow in Co. Louth where the road was said to be haunted by a ghost and by fairies. But it was the latter who kept the country people away. Which gives you the point of view — a ghost much less alarming than a fairy. A Donegal man told a parson I know that one night when he was walking home on the beach a woman came up out of the sea and "her face was as pale as gold." I have seen a leprechaun's shoe, given to a doctor by a grateful patient. It was the length, and hardly more than the breadth, of my forefinger, made of soft leather and slightly worn on the sole. Ticks get out of your head any idea of comic or delightful creatures. They are greatly disliked, and called "the good people" not because they are good but in order to propitiate them. I have found no trace of anyone believing or even having believed (in England or Ireland) in the tiny fairies of Shakespeare, wh: are a purely literary invention. Beef-steaks are smaller than ours, but most fruits are of pumpkin size, some larger. I don't know that a professorial chair or anything else will now provide for a comfortable old age in this country. You see periodical incomes are taxed as "unearned income" so that leave so little of them. It will be a pretty tough job translating a French book with no more knowledge of French than a dictionary can give! I don't see how any dict: will enable one to understand a phrase like <u>ant ce qu'il y en avait</u>. Opt. the French trans. of some book you have in English (say the Bible) and try to get the hang of the language from that. Or perhaps the French <u>Lady into Witch</u>, etc, which, wd. be more up to date & idiomatic. Between ourselves, I don't think you'd translate your present book very well, but you'll learn quite a lot of French in struggling with it and then your next attempt might be good. I wish I cd. relieve any of your various troubles — but it is v. clear that the Holy Ghost is leading you through them all. With every blessing, yours

Jack Lewis

메리에게 루이스가

편집 김도완, 맹호성
p&e 내지 디자인 김지호
표지 created by 맹호성 with helps from 김지호

펴낸이 김진실, 맹호성
펴낸곳 알맹e
등록 제25100-2014-000047호(2014년 7월 25일)
주소 서울특별시 노원구 동일로 1700, 1031호 (파르코오피스텔) 01624
e우편 rmaenge@rmaeng2.com
웹집 rmaeng4U.com
얼굴책 facebook.com/rmaeng4U

2021년 7월 23일 초판 발행
지은이 C. S. 루이스
엮은이 클라이드 S. 킬비
옮긴이 이종태

종이책
ISBN 9791191822700
정가 15,800원

전자책
epub ISBN 9791197198069
정가 6,800원